본격 시사인 만화
박4모

본격 시사인 만화
박4모

초판 1쇄 발행 2017년 5월 20일

지은이 · 김선웅
발행인 · 표완수
편집인 · 문정우

펴낸곳 · ㈜참언론 시사IN북
출판신고 · 2009년 4월 15일 제 300-2009-40호
주소 · 100-858 서울시 중구 중림로 27 가톨릭출판사빌딩 신관 3층
주문전화 · 02-3700-3256, 02-3700-3250(마케팅팀), 02-3700-3255(편집부)
주문팩스 · 02-3700-3209
전자우편 · book@sisain.kr
블로그 · book.sisain.co.kr

- 시사IN북은 시사주간지 〈시사IN〉에서 만든 출판 브랜드입니다.
- 이 책은 저작권법에 따라 보호받는 저작물이므로 무단 전재와 무단 복제를 금지하며,
  이 책 내용의 전부 또는 일부를 이용하려면 반드시 저작권자와 시사IN북의 서면동의를 받아야 합니다.
- 잘못된 책은 바꾸어 드립니다.
- 책값은 뒤표지에 있습니다.

ISBN 978-89-94973-39-5 07300

이 도서의 국립중앙도서관 출판예정도서목록(CIP)은 서지정보유통지원시스템 홈페이지(http://seoji.nl.go.kr)와
국가자료공동목록시스템(http://www.nl.go.kr/kolisnet)에서 이용하실 수 있습니다. (CIP제어번호: CIP2017010747)

본격 시사인 만화
2013~2017

HERESY

박4모
박근혜 4년 모음집

by 굽시니스트

머리말

그 시대는 벌써 기억 속에서 흐릿흐릿해져갑니다. 채 몇 달도 안 된 시간들이 머릿속에선 이미 흑백사진처럼 탈색되고 있습니다. 그 모든 것들이 이제 그냥 역사책에서 읽은 괴이한 이야기로 남게 될 것도 같습니다. 하긴 박씨 일가에게는 현재를 살아 숨 쉬는 동시성보다는 역사책의 죽은 페이지들이 더 어울리긴 하군요. 하지만 잊을 수 없습니다. 지난 4년간, 제 평생 가장 많이 그린 여자 얼굴을 어떻게 잊을 수 있겠습니까.

그 4년은, 몇 달 전까지는 의심할 여지 없이 확고한 현실이며 일상이었습니다. 이제 그 4년에서 빠져나와 좀 멀찍이서 바라보니, 그 안에서 한 치 앞을 내다보지 못하며 허우적대던 과거의 내가 보이는군요. 현대사 최고의 불가해를 어떻게든 이해할 수 있는 것처럼 그리려고 삽질하던 모습이 한심하기도 하고 안쓰럽기도 합니다.

뭐, 저뿐만 아니라 대한민국 5천만 국민 모두에게 그 4년은 제각각의 특별한 의미로 지나갔을 것입니다. 다양한 의미들이 있겠지만 크게 두 갈래로 퉁쳐서 보자면, 박근혜 정권의 시작과 끝이 갖는 의미로 모아질 것 같습니다. 그 정권의 시작은, 박정희 신화의 마지막 발악이 만든 후일담이라는 의미를 갖습니다. 그 정권의 끝은, 시민의식과 헌정 시스템이 종양을 적출해낼 수 있었다는 안도의 의미를 갖습니다.

그 두 의미 사이에 걸쳐져 있는 4년을 매주 2페이지짜리 만화로 연재했던 건, 뭐랄까, 참으로 적절하지 못한 시대의 적절하지 못한 시도가 아니었나 싶습니다. 결과적으로 보자면, 그 작업들은 그 4년에 대한 총체적 규명에도 실패했고 그 시작과 끝에 기승전결을 부여하는 맥락성도 갖지 못한 작업들이니 말입니다. 그저 매주 마감 시간에 쫓겨 코앞에 닿는 껍데기만을 쿵쿵거려 옮긴 결과물들이 4년간 쌓인 단순 총합일 뿐이지요. 그 취향에 있어서는, 부질없이 지나가는 한때의

밈과 떡밥에 열중한 것이니 더욱 부끄럽습니다.

  그럼에도 불구하고, 이를 모아 책으로까지 펴낸 것은 (책 장사를 통한 득리와 더불어) 시대에 대한 그 시대 내부에서의 현시각적 시점들을 기억이 희미해지기 전에 정리하고 모아놓고자 함이라 하겠습니다. 시대에 대한 시간 좌표 바깥의 통시적 시야는 통찰과 맥락을 제공하겠지만, 그 시대를 살아간 현실감은 그런 역사 만들기 과정에서 점차 휘발되어가겠지요.

  그 매주의 짧은 시야들을 모아놓고자 합니다. 우리의 통찰력이라는 것이, 시대를 저 위에서 굽어보는 매의 눈이 아니라 시대의 땅바닥을 기어다니는 개미 더듬이라는 사실을 돌아보고자 합니다. 시대 속에서 시대를 읽고자 한다면, 먼저 내 시력이 어디까지 닿는지를 계측해야 하지 않겠습니까. 이 시대를 살아갔던 그때그때의 기록을 통해 우리의 더듬이 길이를 복기해봅니다.

  그리 노력하다 보면 앞으로 남은 삶 또는 향후 100년 내에 마주하게 될 여러 시대를 읽게 될 때에, 조금이나마 더 길어진 더듬이로 임할 수 있지 않을까 하는, 뭐 그런 바람이 있습니다.

굽시니스트

차례

머리말 • 4

소년이여 후보가 되어라 • 9
닭크에이지 리턴 • 13
다시 또 대선 • 17
고요한 밤, 거룩한 밤, 어둡고 긴 밤 • 21
퇴임과 등극 • 25
중2병이라도 정치가 하고 싶어 • 29
공.각.기동대 • 33
우리 아이가 달라졌어요-가능할 것인가 • 37
You can not redo • 41
Nis Needs Neets • 45
일체유심조 • 49
혁명을 가슴에! • 53
건국과 부국과 파국 • 57
대선 이후의 세계 • 61
고소인 • 65
겨울여왕 • 69
3월은 영어로… • 73
킬러퀸 • 77
개와 고양이의 시간 • 81
국정원 꽃전쟁 • 85

제n차 민주당 • 89
4·16 • 93
참사 이후의 참사 • 97
일당 1000 • 101
제6회 전국 지방선거 • 105
!!??!!!??? • 109
문참극 • 113
Secret time • 117
패자의 미학 • 121
Save us • 125
각하스텔라 • 129
이건희 손자 급식비 • 133
피와 물의 노래 • 137
창·문 평행이론 • 141
Toy story • 145
자폭하는 칼날 • 149
경우의 수 • 153
House Of Box • 157
고전 비극의 완성 • 161
정은 왕자 • 165

고위직 신경중추 증후군 • 169
삼합일체 황 총리 • 173
누나 대혁명 • 177
5.16.3의 비밀 • 181
근사이드 아웃 • 185
2차 한국전쟁 • 189
전승절 근데렐라 • 193
광복절과 건국절 • 197
헤븐조선 입증 • 201
올바른 복음 • 205
박단고기 • 209
See. We • 213
adeus YS • 217
시사워즈-깨어난 보수 • 221
우리 편 개객기 전략 • 225
법을 후벼라! 필리버스터 • 229
Call of the Queen • 233
네 탓이오. 단일화 • 237
朴Bang • 241
End Of G-nesis • 245

일패는 상가지상사 • 249
트황상 방한 • 253
피아 코리아에 어서 오세요 • 257
고뇌하는 정치 • 261
바위처럼 • 265
the Gate • 269
이정현 메들리 • 273
에필로그를 향하여 • 277
남겨진 꿈속에서 • 281
시국 수습 방안 • 285
HERESY • 289
Komm, süßer Tod • 293
크리스마스, 그 이후 • 297
그네, 호랑이, 그리고 물고기들 • 301
평행세계: 미르 공화국 • 305
반딧불의 묘 • 309
뇌내 배드섹터 • 313
1475일. 끝 • 317
범법의 성 • 323
NEMESIS X • 327

소년이여 후보가 되어라

2012년 10월 12일

#문재인_안철수_단일화_기싸움

#새누리당_안철수_검증_공세

#송호창_민주당_탈당

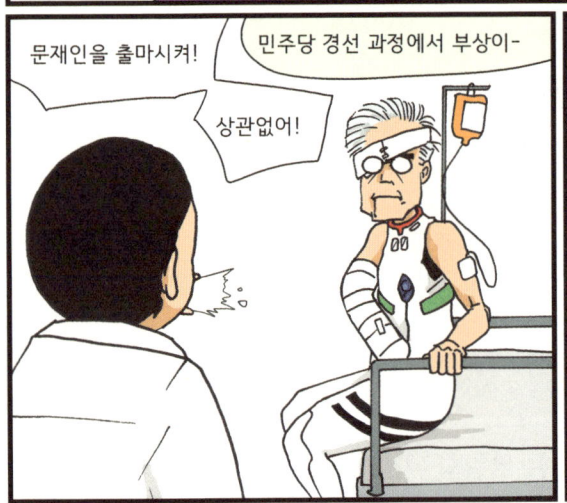

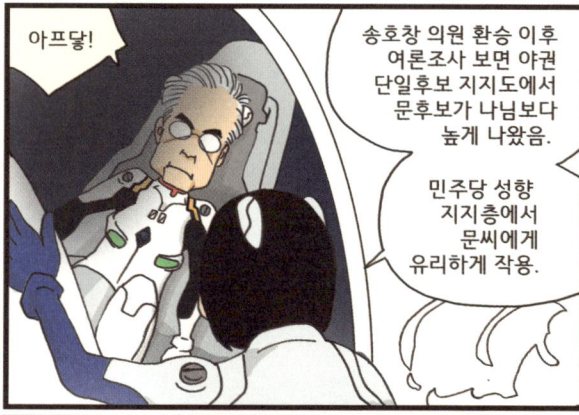

굽시니스트의 못다 한 이야기

박근혜, 문재인, 안철수. 화려했던 2012년 대선의 주인공들이지요.
지금 이 시점, 그러니까 2017년 4월에 돌이켜보면, 대선 이후 그들의 운명이야말로 얼마나 파란만장한 드라마인지요!
2012년의 승리자는 4년 후, 철저하게 몰락하여 머리를 풀고 옥에 갇힌 몸이 되었습니다.
2012년의 준결승전에서 처음으로 맞붙은 두 경쟁자는, 이후 4년을 계속 싸우다가 드디어 2017년의 결승전에서 다시 만나 최종 결전에 임하게 되었습니다. 어떤 이들은 2012년의 승부에 대해, 박근혜와 문재인이 벌인 결승전보다 문재인과 안철수가 벌인 준결승전을 더 인상 깊게 기억하기도 합니다.
2011년까지 노무현 재단 이사장을 맡아왔던 문재인은 〈운명〉이라는 제목의 책을 내며 친노의 대표 기수로 자리매김합니다(친노의 대표 기수가 되고자 했던 다른 사람들의 운명은 그리 잘 풀리지 못했지요). 문재인은 2012년 4월 총선에 출마, 부산에서 당선된 후 곧바로 민주당 내 대권 경선 레이스에 뛰어들어 압도적인 승리를 거두며 민주당 대선 후보가 됩니다. 2012년에 처음으로 선출직에 도전해서 국회의원에 당선된 후, 같은 해에 바로 대통령선거에 나섰으니 그 정치 경력의 시작이 참으로 벼락같은 것이라 하겠습니다.
2011년까지 의사이자 프로그래머이자 기업가이자 교육인으로 그 명성을 떨쳤던 안철수는, 2011년 서울시장 재보궐 선거에서 박원순에게 시장 후보를 양보하며 꽤 큰 민심의 지지를 얻습니다. 이후 대권 도전 여부를 놓고 간을 보며 고민하는 모습을 보여 '간철수'라는 달갑잖은 별명을 얻게 되지요. 결국 9월에 탈정치·탈이념을 주창하며 대선 출마 선언을 합니다.
그리하여 민주당 대선 후보 문재인과 무소속 후보 안철수 간에, 노무현·정몽준 단일화 이후 가장 스펙터클한 단일화 드라마가 펼쳐지게 된 것이지요.
이 만화를 그린 2012년 10월 중순경은 그 신경전이 매우 치열하게 전개되던 시점입니다. 새누리당은 안철수를 견제하며 국회에서 각종 의혹을 쏟아냈고, 이를 민주당이 엄호해주는 모양새가 펼쳐졌습니다. 민주당에서는 문재인을 탐탁지 않아 하던 비노 진영에서 안철수에게 물밑으로 줄을 대는 경우가 없지 않았습니다(이는 10년 전 노무현·정몽준 단일화 협상 때도 나타났던 현상이지요). 결국 송호창 의원은 탈당해서 안철수 캠프에 합류하기도 합니다. 꽤 어지러운 형국이었지요.
만화는 덕의 영원한 성전, 〈에반게리온〉을 패러디해서 그렸습니다. 갑작스럽게 세카이계 현장에 내던져진 주인공 신지의 캐릭터가 안철수와 통하는 구석이 있는 것 같았거든요. 보는 사람 답답하게 구는 거라든가, 항상 억울해하는 거라든가… 문재인의 경우에는 하얀 머리라는 측면에서 레이 역할을 맡았다고 볼 수 있겠습니다. 어떤 이들은 굽시니스트라는 만화가가 에바 패러디를 너무 많이 사용한다고 뭐라 하기도 하는데, 아 진짜, 〈시사IN〉 만화 400여 회를 연재하며 에바 패러디는 딱 4번 썼습니다! 그냥 에바 패러디가 눈에 잘 띄는 것뿐이지요!

닭크에이지 리턴

2012년 12월 7일

#박근혜_이정희

#보수_대연합

#박정희_신화_국민_인정

굽시니스트의 못다 한 이야기

2012년 대선 TV 토론에서 이정희가 박근혜를 저격하는 장면은 가히 대한민국 대선의 베스트 20 장면으로 선정하기에 부족함이 없는 충격적인 것이었습니다. 공중파 방송의 대선 TV 토론에서, 그것도 박정희 딸 앞에서 박정희를 다카키 마사오라고 부르며 '난 당신 떨어뜨리러 나왔다'고 선언하다니!! 사이다 느낌이야 좋았지만, 이로 인해 상당수의 '보통 아줌마 아저씨' 표가 박근혜 쪽으로 뭉쳤다는 분석이 있습니다.

만화의 해당 장면은 영국 밴드 '오아시스'의 아무 말 인터뷰 짤방으로 패러디해보았습니다. 오아시스의 갤러거 형제가 던지는 아무 말 어록 짤방들은 브릿팝 정신을 대변하며 사람들에게 깊은 인상을 준 바 있지요.

대선을 열흘 남짓 남겨놓은 시점에서 보수라 불리는 모든 세력이 박근혜를 중심으로 뭉친 것 같았습니다. 역대 대선에서 이 정도의 보수 대결집은 일찍이 찾아보기 힘든 것이었습니다. 이에 맞선 문재인 측에서도 뭔가 진보 대결집 비슷한 게 있었던 것 같기도 합니다. 이정희도 저리 박근혜를 저격한 후 사퇴하고, 안철수도 수줍게 살짝 유세 지원을 하기도 하고. 뭐, 지금 돌이켜보면 역시 그 시점에서 대세는 넘어가 있었던 것 같습니다.

하지만 그 당시 문재인의 당선 가능성을 점쳤던 저는, 문재인 대통령 시대에 〈시사IN〉 만화를 어떻게 그려나갈지 고민하기도 했습니다. 진영 논리에 따른 친정부 옹호 자세를 취할 것인지, 그냥 내 마음속 보수 우파 아저씨의 구시렁을 끄집어내 반정부 논조를 취할 것인지. 오로지 옳다고 생각하는 정론직필의 자세만을 견지하면 된다고들 하는데, 그건 이상론일 뿐이지요. 결국 펜을 든 자에 대해 세상은 이쪽 편, 저쪽 편의 평가를 내리게 됩니다. 이쪽 편의 성원으로 구체화될 수 있었던 펜질이, 편을 넘어선 메타 펜질 대법관을 욕망하는 것은 적어도 이 레벨에서는 오만의 희비극이겠지요. 예전 노무현 정부 시절에, 진보 언론이 노무현에 대해 너무 가혹했다는 인상도 이런 고민의 한 배경이었습니다. 그냥 〈시사IN〉 만화 연재를 종료하고, 태평양 전쟁 만화 그리기에 나설까 고민하기도 했는데, 결국 박근혜가 당선되어 고민할 필요도 없게 되었습니다.

다시 또 대선

2012년 12월 14일

#대선이란_무엇인가

#승리란_무엇인가

#국민의_뜻이란_무엇인가

굽시니스트의 못다 한 이야기

대선 전 마지막으로 나온 만화입니다. 12월 14일에 마감을 하긴 했지만, 실제로 인쇄물은 그 이틀 후에야 나왔고, 〈시사IN〉 잡지 배송이 그닥 신속하지 못한 관계로 다수의 구독자분들은 이 만화를 대선 결과가 나온 뒤에야 받아봤을 가능성이 높습니다.
그렇기 때문에 여기서는 역사가 실제로 굴러간 모양새보다는 뜬구름 잡는 이야기를 다뤘습니다.
국민 절반이 지지하지만 나머지 국민 절반은 반대하는 후보가 말하는 '국민의 뜻'이란 무엇인가.
대통령선거는 조막조막 자잘한 현실을 살아가는 우리 장삼이사의 국민들에게 '국민의 뜻'에 합류함으로써 대한민국 거대 서사에 동참한다는 판타지를 제공하는 이벤트인가.
지금 와서 돌이켜보면 참으로 허황된 고민이었지 말입니다.
2012년 대선은 지극히 형이하학적으로, 문자 그대로 똥을 먹을 것인지 된장을 먹을 것인지를 고르는 이벤트였고, 우리는 똥을 먹고 4년 후에 토하게 되었습니다.
그런 대선도 있는 법이지요.
마지막 컷의 문제인은 〈마법소녀 마도카 마기카〉의 등장인물인 아케미 호무라로 패러디한 것입니다. 시간을 되돌리는 능력을 가진 호무라는 결전에서 패할 때마다 시간을 되돌려 승리할 수 있는 방법을 찾아 다시 도전합니다. 뭐, 결국 이 타임라인의 2012년은 패배하는 전장으로 판명납니다.

고요한 밤, 거룩한 밤, 어둡고 긴 밤

2012년 12월 21일

#박근혜_승리
#여왕폐하_만세

굽시니스트의 못다 한 이야기

대선 이틀 후. 박근혜가 당선되었다고 해서 〈시사IN〉이 망한 것도 아니니, 마감을 하기 위해 붕괴된 멘탈 쪼가리들을 그러모아 꾸역꾸역 만화를 그렸습니다.

격동의 현대사, 민주화, 6공화국. 이 모든 것들이 결국 33년 전에 죽은 박정희를 재공인하는 것으로 결착나버렸습니다. 그렇습니다. 그 격동의 시간 동안 숨죽인 채 웅크려 있던 그 사람. 현대사의 그 모든 시간을 경멸의 눈으로 흘겨보다 결국 적절한 타이밍에 기어나온 박정희의 딸. 박근혜가 이겼습니다.

반대편에서 넋이 나간 것으로 묘사된 사람들은 앞줄에 이해찬, 조국, 진중권, 이정희. 뒷줄에 전여옥과 〈나꼼수〉 멤버들입니다. 전여옥은 역사적 맥락보다는 박근혜에 대한 개인적 원한 때문에 멘붕한 라인에 끼워넣었는데, 지금 생각해보면 개인적 원한도 원한이지만, 박근혜의 결함에 대해 누구보다 잘 알고 있었기에 박근혜 대통령이라는 현실에 더욱 멘붕하지 않았나 싶습니다.

반대쪽 인물은 아직도 살아 계신 조갑제입니다.

이로써 동북아시아 4개국의 지도자들이 모두 2세, 3세 정치인들이며, 동시에 수구적 가치의 수호자들로 채워지게 되었습니다.

마지막 컷은 베르사유 궁전에서 행해진 독일 황제 빌헬름 1세의 대관식 패러디입니다. 당시 프랑스인들이 느꼈을 법한 감정을 표현하고 싶었는지 어땠는지 잘 모르겠습니다.

대관식에 참석한 인물들은 왼쪽 끝에서부터 김성주, 이회창, 전두환, 황우여, 정몽준, 그리고 주인공인 박근혜. 이어서 김무성, 김영삼, 이재오, 이인제, 왕관을 바치려는 국민, 이준석, 검찰, 손수조입니다.

퇴임과 등극

2013년 2월 22일

#이명박_퇴임

#이명박_5적

#박근혜_취임

굽시니스트의 못다 한 이야기

2013년 2월 25일의 대통령 취임식 사흘 전에 그린 만화입니다. 그러고 보니 박근혜는 2월 25일에 취임한 마지막 대통령이 되었군요. 제 동생 생일이 2월 25일이라, 저희 가족들에게도 뜻깊은 날이었는데 이런 식으로 취임식 날짜가 변경될 줄이야 누가 알았겠습니까.

이명박은 대한민국 대통령들의 엔딩 사례로는 드물게 안정적인 사례지 싶습니다. 4대강 사업, 해외자원 개발 삽질 등으로 날려먹은 돈의 액수라든가 국정원 정치 공작 등등을 생각해보면 저리 편한 노후를 허용해도 되나 싶지만, 이명박까지 족치기에는 국민들의 정치사 들추기에 대한 피로도가 꽤 큰 모양입니다. 대신 이명박 정부의 핵심 인사들이었던 이른바 5적이 정권 말기에 모조리 감옥에 들어가긴 했습니다.

취임하는 박근혜에게 전직 대통령들이 치는 드립들 중, 노태우의 묫자리 드립은 이 무렵 노태우가 희귀병으로 오락가락하고 있다는 데서 기인한 것인데, 설마 노태우보다 YS가 먼저 갈 줄이야! DJ의 한광옥 드립은 결국 먼 훗날 한광옥 대통령 비서실장으로 실현되지만, 설마 그런 참사를 통해 실현될 줄이야 누가 알았겠습니까.

중2병이라도 정치가 하고 싶어

2013년 3월 8일

#미래_창조_과학부

#김종훈_낙마

굽시니스트의 못다 한 이야기

박근혜 정부에 대한 여러 인상들 중 하나로, 손발이 오그라드는 작명 센스가 있습니다.

일단 새누리당이라는 당명. 당 이름을 '새누리'라고 짓는다는 발상을 떠올리고 이를 실천에 옮겼습니다! 뭐, 마케팅적 관점에서 새누리라는 당명은 대한민국 당명사에 혁명적인 혁신을 가져왔고, 어느 정도 성공적인 사례로 남긴 했지만… 저는 정당 이름만큼은 제발 좀 캐주얼한 느낌 1그램도 안 들게 진중하고 묵직한 당명으로 백년을 쭈욱 사용했으면 하는 바람이 있습니다. 제가 대개는 투표소에 가서 민주당에 표를 주는 이유도, 당명이 민주당이니까! 진짜 정당 이름 같으니까요! 그리고 지금 시점에 존재하는 그 앞의 '더불어'도 좀 뺐으면 좋겠습니다. 자유한국당도 그냥 좀 자유당으로 갑시다. 우리 국호를 자기들 탱킹하는 데 쓰지 말고.

박근혜 정부의 그런 네이밍 센스 중 최고봉은 역시 창조 경제지요. 창조에 대한 그 애착으로 과학기술부 이름도 미래창조과학부로 바꿔버립니다. 미래창조과학부!! 통번역사들이 이걸 번역할 때 꽤나 애먹었다고 하지요. 그렇게 오글거리는 단어를 입에 달고 사는 증상을 인터넷에서는 중2병이라고 하지요. 해서 이번 만화에서는 박근혜를 애니메이션 〈중2병이라도 사랑이 하고 싶어〉의 여주인공 릿카로 패러디했습니다.

그 미래창조과학부의 초대 장관으로 미국 벨 연구소의 중역인 김종훈을 모셔오게 되는데, 정치권과 언론이 이 양반에 대해 검증 비슷한 걸 시작하려고 하자마자 바로 미국으로 탈주해버립니다. 뭐 이중국적 문제라든가 부동산, 재산 관련해서 문제들이 있었다고 하지요. 이렇게 박근혜 정부는 그 시작에서부터 이미 인사 등용, 검증 시스템이 정상이 아니라는 의심을 안고 출발하게 됩니다. 그리고 이제 우리는 박근혜 정권의 인사 등용 시스템이 어떤 태블릿 화면 위에서 이루어졌는지 알고 있습니다.

만화 말미에, 안철수는 노원 병 보궐 선거 출마를 통해 국회의원 데뷔를 준비합니다.

공.각.기동대

2013년 3월 22일

#사이버_공격

#댓글_알바

#국정원_여론_공작

#원세훈

굽시니스트의 못다 한 이야기

2012년 대선 때, 국정원이 댓글 알바들을 이용해 여론 공작에 나섰습니다. 이는 대선 당시 국정원 직원 셀프 감금 사태로 널리 알려졌지요. 2013년 3월, 결국 원세훈과 경찰 축소 수사 의혹에 대한 검찰 수사가 시작됩니다.

인터넷 댓글을 통해 여론을 오도하겠다는 발상은 매우 그럴듯해 보입니다. 그리고 이를 실제로 진행해온 악의 조직이 바로 국정원이었다는 데서 그 충격이 더욱 크게 느껴집니다.

그런데 뭐 사실 개인적인 감상으로는, 국정원 댓글 공작은 국가기관의 불법 선거 개입이라는 측면에서 충격적일 뿐, 딱히 정치 판세에 영향을 끼칠 수 있었다고는 생각하지 않습니다. 그리 질 낮은 인터넷 댓글 쪼가리가 몇 천이든 몇 만이든, 정상적인 시민이라면 '누가 이런 쓰레기 매크로를 돌리고 있나'라고 투덜거리며 지나갈 뿐입니다. '저런 댓글이 여기저기 많은 걸 보니 나도 저렇게 생각해야겠구나'라고 동조하지는 않겠지요. 북한에서 뿌린 삐라를 보고 북한을 지상낙원이라고 생각하는 사람이 생기는 것과 같은 확률이겠지요.

진짜 문제는 그런 바보 같은 공작을 진지하게 행한 것이 바로 대한민국 국정원이라는 부분입니다. 나라의 시민 절반을 좌익 빨갱이, 잠재적인 내부의 적으로 규정하고, 이를 대표하는 정치 세력의 집권을 막기 위해 수단과 방법을 가리지 않는 국가기관이 있다는 겁니다. 적폐의 끝판 왕이라 할 만합니다. 그런데 이 국가기관은 사악할 뿐 아니라 멍청하기까지 합니다. 그냥 이 조직은 일단 해산한 다음에 제로 베이스에서 새로운 정보기관을 만드는 게 답이지 싶습니다.

만화에 사용된 패러디는 인터넷 정보 공작이라는 측면에 주목, 〈공각기동대〉를 소재로 사용했습니다. 스칼렛 요한슨 주연의 실사 영화가 개봉했는데, 그리 좋은 평가가 나오지 않아 안타깝습니다.

우리 아이가 달라졌어요
-가능할 것인가

2013년 4월 5일

#개성공단_차단

#김정은_밀당

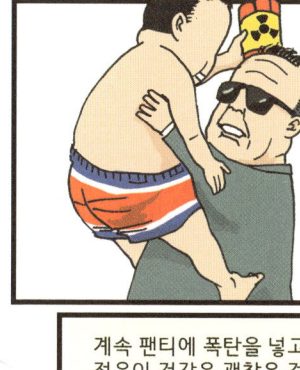

굽시니스트의 못다 한 이야기

북한 김정은이 서울의 새 대통령을 시험해보려고 그랬는지 어쨌는지, 아무튼 3월부터 키 리졸브 훈련에 대한 반발로 정전협정 폐기를 비롯해 온갖 전쟁 드립을 쏟아냅니다. 그리고 결국 4월에는 개성공단도 닫아버립니다. 아마 이때 박근혜가 삐져서 3년 후에는 이쪽에서 먼저 개성공단 폐쇄를 단행하지 않았나 싶기도 합니다.

아무튼 김정은이 이리 시비를 거는데도 박근혜 정부는 불통 무관심으로 대응합니다. 그런데 국민여론은 이를 단호한 대응으로 받아들여 정권의 지지도를 올리는 데 한몫합니다.

지금 생각해보면 불통과 무관심은 딱히 평양을 상대하는 데뿐 아니라 그냥 세상 전체에 대한 박근혜 정부의 기본 스탠스가 아니었나 싶습니다.

뭐 결국 시간이 지나 김정은도 현자 타임이 왔는지, 8월쯤 되면 어찌어찌 남북간 협의가 진행되고 9월에는 개성공단이 재가동됩니다. 그다지 정의롭지 못한 지도자들이 서울과 평양에서 나라를 이끌고 있던 시대지만, 아무튼 정의로운 전쟁보다는 불의한 평화가 낫지요.

만화는 여러모로 사회에 큰 영향을 끼쳤던 방송 프로그램인 〈우리 아이가 달라졌어요〉를 패러디해 그렸습니다.

You can not redo

2013년 5월 10일

#미국 방문

#윤창중

#그랩

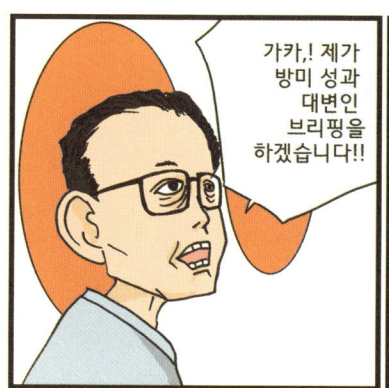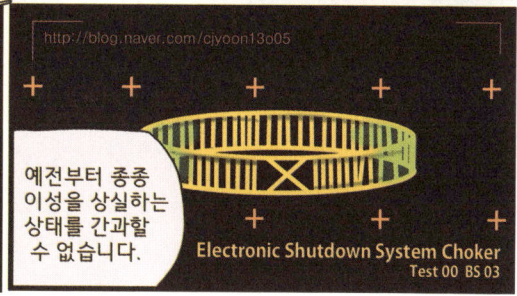

굽시니스트의 못다 한 이야기

천하에 무용한 업을 하나 꼽으라고 한다면 정치평론가라 불리는 논단 낭인의 업을 꼽을 수 있겠지요. 뭐 저도 그 물에 발 담가 밥 먹고 살긴 하지만, 늘 밥에게 미안한 기분입니다.

그런 논단 낭인이 거칠고 편파적인 망언들을 쌓다 보면 문득 권력자의 눈에 들어 등용되는 수도 있다는 대표적인 사례가 윤창중이었습니다. 대한민국 진영전의 막말 싸움 진흙탕 속을 뒹굴다가 청와대 대변인으로!

여기까지는 좋았지만, 2013년 5월 박근혜 대통령 미국 방문 이후로 윤창중이라는 이름은 오직 그 한 사건으로만 기억하게 됩니다.

박근혜의 첫 미국 방문 또한 청와대 대변인 성추행 사건으로만 기억됩니다. 이는 박근혜 정부 4년의 외교 참사를 예언하는 불길한 징조였을까요? 맞지 않는 감투는 결국 그 당사자와 조직 모두를 망치는 지름길일 뿐이지 싶습니다.

윤창중은 귀국 후 은거하다가 성추행 사건 공소시효 만료 후(2016년 5월), 다시 기어나와 자기 변호와 막말 활동을 재개합니다. 최순실 게이트 이후에는 박사모 집회 등에서 박근혜를 지키기 위한 막말을 쏟아냅니다. 하지만 윤창중이 박근혜를 위해 그 어떤 헌신과 의리를 다한다 해도, 청와대 대변인으로서 박근혜 정부에 끼친 누를 씻어내지는 못하겠지요.

만화는 당시 국내 개봉했던 〈에반게리온 신극장판: Q〉를 패러디했습니다. 윤창중이 아무것도 모르고, 아무것도 기억나지 않는다 하니 그 극장판의 신지 역할을 맡을 만했습니다.

Nis Needs Neets

2013년 6월 21일

#국정원_댓글_알바

#원세훈_구속

굽시니스트의 못다 한 이야기

원세훈은 일단 국정원 여론 조작 사건이 아니라 개인 비리 사건으로 먼저 2013년 7월에 구속됩니다. 뇌물 공여자들의 특혜를 봐주고 억대 금품을 제공받은 몇 건의 수뢰 사건, 군더더기 없이 깔끔하게 알기 쉬운 비리죠.

원세훈이라는 캐릭터를 볼작시면, 진짜 이렇게 영화에나 나올 법한 전형적이고 평면적인 악당이 현실에 존재할까 싶습니다. 국정원장으로 재임하며 국정원의 서북청년단화를 적극 추진, 이박천국 김노지옥(이명박 박근혜 천국, 김대중 노무현 지옥)을 신념화하지 않은 직원들을 대거 숙청합니다. 숙청 과정에서 국정원의 대외 업무 기능은 와해, 소멸되지만, 어차피 원세훈에게 국정원은 간첩 조작과 국내 여론 조작, 진영전의 이념 공세, 각종 인사 약점 잡기를 위해 존재하는 기관이기에 그 방향성을 잡고 철저히 조직 조교에 임합니다. 그 과정에서 원세훈에게 비판적인 직원들은 아무리 사소한 사담이라 할지라도 꼬투리를 잡아 모조리 잘라버리고(그런 정보수집 능력은 탁월한 듯합니다) 조직을 일베적 신념을 철저히 내재화한 이념 투사들로 채워나갑니다. 국정원이 원래 그런 조직이긴 했지만, 원세훈 치하에서는 진짜 완전히 그 기능과 시스템의 시체에 구더기만 바글거리는 형태로 끝장났다 하겠습니다.

일체유심조

2013년 7월 5일

#국정원_여론_조작

#원세훈_구속

굽시니스트의 못다 한 이야기

 2012년 대선 때 벌어졌던 국정원 댓글 공작 현장 적발 사건에 대해 박근혜 측에서는, '불쌍한 국정원 여직원을 민주당 사람들이 몰려가 집에 가뒀다'라는 프레임을 짰었지요. 당시에는 그 프레임이 좀 더 먹혀서 대선 당시 박근혜 쪽에 유리한 여론이 조성된 감이 있습니다.
하지만 이후 국정원 댓글 사건의 전모가 점차 드러나자 박근혜 쪽에서는 전혀 모르는 일이었다고 발을 뺍니다. 뭐 박근혜 쪽과 원세훈 쪽 간에 어떤 파이프 라인이 가동되고 있었는지는 알 방도가 없는 일이고, 실제로 박근혜는 전혀 모르는 일이었을 수도 있지요.
하지만 이후 국정원을 맡은 남재준은 댓글 공작 사건을 덮기 위해 벌인 정상회담 대화록 유출 사건을 계속 잘 키워서 박근혜 쪽에 유리하게 잘 써먹습니다. 국정원에서 나온 대화록은 존댓말 어법을 교정하면서까지 노무현 발언에 어떤 이미지를 씌우려 했다니 사실이라면 참으로 찌질한 일이 아닐 수 없습니다.
지은 죄가 많았던 원세훈으로서는 박근혜 당선에 공을 세움으로써 어떻게든 벌을 면해보자는 꿍꿍이가 있었을지 모르겠지만, 박근혜로서는 MB 심복을 살려줄 의리는 딱히 없었는지, 결국 2013년 7월에 원세훈은 뇌물수수로 구속당하게 됩니다.

혁명을 가슴에!

2013년 9월 6일

#통진당_내란음모

#이석기_구속

#RO

굽시니스트의 못다 한 이야기

내란음모!! 전쟁이 날 경우에 내부에서 북한과 내응하는 세력이 있다는 건 꽤 무시무시한 이야기지요. 사실 이석기와 친구들이 전시에 북한과 내응하고도 남을 사람들이라는 건 딱히 무리한 이야기가 아니지요. 그렇기 때문에 이석기가 체포당했을 당시에 많은 사람들이 어휴, 그럴 줄 알았다, 라고 반응한 게지요. 하지만 역시 또 많은 사람들이 어휴, 박정희 딸내미 이름값 하네, 라고 반응한 것도 사실입니다.

이석기 수준의 혐의에 어떻게 대응할 것인가는 전시와 평시에 대한 사람들의 감각 차이에서 갈리겠습니다. 전시에 적과의 내응이 의심되는 사람들에게 행해지는 것이 전시 예비검속이지요. 이석기와 친구들은 전과도 있고 해서 당연히 예비검속 리스트에 올라가 있고, 어떤 내응의 꿍꿍이가 있건 실제 전시가 임박할 경우에는 예비검속이 이뤄질 것이니 위험 요소가 되지 못할 거라는 시각이 있습니다. 반면, 이석기의 국회의원 직위와 그 조직력을 고려할 때 이미 충분한 위협이며, 현 정세는 전시에 준하는 불안한 상황이라는 시각도 있겠지요.

우리 체제의 두께는 두툼하고 정세는 전시를 걱정할 만큼 불안하지 않다는 시각과 우리 체제의 두께는 얇고 정세는 전시를 걱정해야 할 만큼 불안하다는 시각이 있는 것입니다.

현직 국회의원을 체포하고 원내 정당을 해산시키는 강수를 굳이 두었어야 했는가, 대내외적·역사적 감점을 감내하고서라도 이 시점에서 반드시 행했어야 할 일인가.

아마 박근혜가 대통령이 아니었다면 행해지지 않았을 일이지 싶습니다. 민의와 정치가 권력을 대신해 판단을 내리고 오랜 시간에 걸쳐 자연스럽게 처분을 내렸겠지요.

뭐, 불안요소인 이석기를 체포하고 통진당을 해산함으로써 국민들이 좀 더 안심하고 살 수 있다는 말도 틀린 말은 아닌 것 같습니다. 박근혜가 탄핵당하고 체포됨으로써 좀 더 안심하고 살 수 있는 것도 사실이니까요.

불안은 영혼을 잠식한다는 말이 있는데, 대충 비슷한 경우인 것 같습니다.

만화는 〈개그만화 보기 좋은 날〉의 한 에피소드인 소드마스터 야마토 편을 패러디했습니다. 두 페이지 안에 거사를 끝내는 장렬한 간결함이 돋보이는 작품이기에 어울릴 만합니다.

건국과 부국과 파국

2013년 10월 18일

\#뉴라이트_사관

\#교학사_역사_교과서

\#교과서_파동_예고편

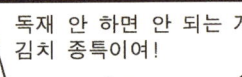

굽시니스트의 못다 한 이야기

2013년 가을에는 역사 교과서를 둘러싼 논쟁이 치열하게 전개되었습니다.
한국현대사학회라는 뉴라이트(사이비) 역사 단체가 교학사의 국사 교과서 집필에 참여한 것으로 밝혀져 교학사 국사 교과서의 검정 문제를 놓고 여론전이 치열하게 전개되었습니다.
이쪽에서는 뉴라이트 사관과 수준 미달의 기술 오류 등을 들어 교학사 교과서를 문제 삼았고, 저쪽 진영에서는 기존 교과서들이 좌편향되었다며 교학사 국사 교과서를 애국 교과서로 추켜세웠습니다.
결국 교육부는 교학사뿐 아니라 8종의 국사 교과서 전체를 다시 조사해 오류 사항 등을 수정토록 지시합니다. 이 과정에서 교학사의 국사 교과서가 갖는 문제점들이 꽤 많이 드러나게 되지요.
결국 전국에서 교학사 국사 교과서 채택 반대 운동이 일어나, 교학사 국사 교과서 채택률은 0.1% 미만이라는 참담한 결과를 보게 됩니다.
이에 새누리당의 김무성, 황우여 등은 국사 교과서를 출판사별로 따로 만드는 현행 검정 제도를, 국가가 단 한 종의 국사 교과서를 만들어 전국에 일괄 보급하는 국정 제도로 바꿔야 한다는 주장을 내놓게 됩니다. 이에 보수 언론이 호응하고 이는 훗날 더 큰 역사 교과서 파동을 불러오게 됩니다.

대선 이후의 세계

2013년 11월 22일

#문재인_향후_진로

#재수

굽시니스트의 못다 한 이야기

2012년 대선 패배 이후 문재인은 칩거까지는 할 수 없었겠지요. 일단 부산 사상구 국회의원이니 지역구 활동과 의정 활동은 해야 했으니 말입니다. 그리고 다시 빠르게 몸과 세력을 추스르기 시작했지요. 대선 패배 한 번으로 주저앉을 생각은 없었던 것입니다. 자, 그러면 어떻게 갈 것인가.

지금 와서 돌이켜보면 문재인의 대선 재수 행로는 그렇게 순탄하지는 않았지만, 그렇다고 그리 빡세게 험난한 것도 아니었습니다. 재수 기간 내내 당내의 친문 세력은 건재했고, 유권자층에서의 핵심 지지 세력도 굳게 뭉쳐 이어져 왔습니다. 그 과정에서 안철수에게 호남 의석을 뭉텅이로 떼이기도 하지만, 다른 지역에서 보충하여 오히려 전국 정당으로 쇄신했습니다. 친노는 친문과 비문으로 분화했지만, 덕분에 친노 프레임은 소멸하고 친문이 새로운 주류로 떠올랐습니다. 그밖에 사소한 반발과 태클이 적지 않았지만, 다 뭉개고 갈 만한 지지 질량을 확보할 수 있었습니다.

만화에서는 문재인과 안철수의 갈등이 결국 양김 정치를 재현할 것이라고 예상했는데, 이는 양김의 분열로 둘 다 패한 1987년을 염두에 둔 언급이었습니다. 그런데 2017년 4월 현재 실제로 진행된 대선 판도는 양김 정치의 재현이긴 한데 1987년이 아니라 1992년의 판도에 더 가깝군요. 두 거물 후보가 양강 구도를 구축해 둘 중 하나가 승리하는 그림이 그려지게 되었습니다. 문·안의 지지 기반이나 지역 같은 건 양김의 여건과 몇몇 부분이 겹쳐져 다른 그림이 그려지긴 합니다만, 그래서 1992년보다 더욱 팽팽한 대결이 되는 거겠지요.

만화 앞부분은 라이트 노벨 〈엔딩 이후의 세계〉를 패러디하여 그렸습니다.

고소인
2014년 1월 10일

#변_아무개_고깃집

#교학사_역사_교과서

#변호인

굽시니스트의 못다 한 이야기

2013년 12월 말에 개봉한 영화 〈변호인〉은, 영화 자체의 고품질과 군사 독재 시절 민주화 투쟁 역사에 대한 조명, 노무현의 추억 등으로 큰 흥행을 기록합니다. 뭐 당연히 청와대 이하 김기춘 실장 등등의 심기가 불편해지셨지요. 해서 영화 〈변호인〉이 청와대로 하여금 CJ 이미경 회장을 날려버리고 문화계 블랙리스트를 작성토록 한 원인들 중 하나였다는 이야기도 있습니다.

그렇게 스크린에서 인권 변호사의 법정 투쟁이 벌어지고 있을 때, 극장 밖에서는 한 고소 전문가의 고깃값 시비를 가리는 법정 투쟁이 벌어지고 있었지요. 혼잡한 상황에서의 대규모 고깃값 계산 같은 건 확실히 그 책임소재를 분명히 따지는 판례가 있어야 하지 않나 싶습니다.

만화에 나온 대사들은 대충 영화 〈변호인〉의 대사들을 패러디한 것입니다.

겨울여왕

2014년 2월 7일

#OST

#let_it_go

굽시니스트의 못다 한 이야기

디즈니 애니메이션 〈겨울왕국〉이 그야말로 온 세상을 눈보라로 덮어버렸었지요. 그 겨울, 어디를 가도 ~레릿꼬, 레릿꼬♬에서 벗어날 수 없었습니다.
한국에서는 많은 사람들이 〈겨울왕국〉의 주인공 엘사를 박근혜 대통령과 비교하곤 했습니다. 긍정적 의미든 부정적 의미든 뭔가 혼자 사는 여왕이라는 측면에서 통하는 구석이 있었으니 말입니다.
해서 그 주제곡 가사를 그대로 가져와 붙여봤습니다.

3월은 영어로…

2014년 2월 14일

#문재인_안철수

#새정치민주연합_창당

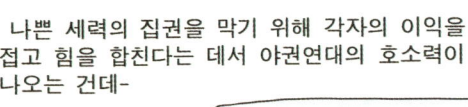

굽시니스트의 못다 한 이야기

2014년 지방선거를 앞두고, 안철수 신당과 민주당 간의 연대 협의가 쭈욱 이어지다가 결국 3월에 함께 연합 정당을 만들기로 의견을 모으게 됩니다. 김한길을 중심으로 한 비노계 지도부가 문재인의 대항마로 안철수를 민주당에 들여온 형국이 된 거지요.

만화에서 첫머리에 등장하여 연대론을 까는 책사는 윤여준입니다. 그는 민주당과 함께 가는 길을 끝까지 거부하다가, 결국 안철수가 민주당과 함께 새정치민주연합 루트를 택하자 안철수와 결별합니다. 그랬던 윤여준은 2년 후에 안철수의 국민의당 창당에 다시 함께하기도 했다가, 남경필에 선을 대기도 했다가, 인명진, 김종인 등 비슷한 노인들과 이야기를 나누기도 하는 등 재미있게 노년을 보내고 계십니다.

2012년에 아름다운 단일화 어쩌고 뜬구름 잡는 소리로 협상을 날려먹은 정치 새내기 문재인과 안철수는, 이후 정치물을 먹고 경험을 쌓으며 드디어 진검 승부에 돌입할 수 있는 노련한 정객들로 거듭나게 됩니다.

대선은 모름지기 언제나 천하를 건 치열한 혈전이어야 하는 법! 두 거물이 그 혈전에 어울릴 만한 투사들로 거듭나길 바라는 마음을 담아 그린 만화입니다. 그리고 그러한 바람은 2017년 4월, 지금 시점에 이르러서는 꽤나 초과달성된 것 같습니다.

만화는 타가메 겐고로의 〈웅심-비르투스〉를 패러디해서 그렸습니다. 로마 검투사들의 애환을 다룬 작품으로, 국내에 정발되지는 않았지만 몇몇 짤방을 통해 인터넷에서 큰 호응을 얻은 바 있습니다.

킬러퀸

2014년 2월 21일

#이석기_1심_판결

#RO

#베트남_콤플렉스

굽시니스트의 못다 한 이야기

2014년 2월, 이석기 내란 음모에 대한 1심 재판에서 유죄 판결이 났습니다. 징역 12년이라니, 꽤나 무거운 형량이었지요(나중에 상급심에서 9년으로 줄긴 합니다만). 이 나라가 그런 판결을 지지하고, 그런 정권을 지지하게 만드는 불안감은 어디서 오는가에 대해 생각해볼 필요가 있겠습니다.

저는 베트남 멸망에 대한 신화가 그런 불안감의 밑바탕 서사들 중 하나라고 생각합니다. 남베트남 멸망 신화는 이 나라 모든 세대에게 30년간 두고두고 안보 교육의 바이블로 주입되어온 이야기니 말입니다. 하지만 보수 진영이 남베트남 멸망 신화에 집착하면 할수록, 그 반대쪽에서 보수 집권 세력을 베트남의 그 막장 정권들과 같은 레벨로 놓고 이야기할 수 있는 개연성이 커지지요. 남베트남의 응-뭐시기 막장 정권들과 한국 보수 세력이 같은 레벨이니 저렇게 같은 운명에 대해 두려워하는 것 아니냐는 거지요.

그렇게 서로의 환상이 서로의 환상을 키워주며 함께 적대적 공생관계를 이어가는 세력들이 있어왔지 말입니다.

만화 말미는 애니메이션 〈킬라킬〉을 패러디해 그렸습니다. 이제 와서 저 두 주인공의 관계에 대해 언급한 걸 스포일러라고 태클 걸 사람은 없겠지요.

개와 고양이의 시간

2014년 2월 28일

#국정원_댓글_사건_수사

#검찰_길들이기

#채동욱

#윤석열

굽시니스트의 못다 한 이야기

국정원 여론 조작 사건을 맡은 검찰은 채동욱 검찰총장의 지휘 아래 꽤 의미 있는 성과를 내고 있었습니다. 하지만 이에 대한 국정원의 야비한 반격이 바로 들어옵니다. 채동욱 혼외자식 설이 보수 언론을 통해 천하에 울려퍼지고 박근혜는 황교안 법무장관을 시켜 바로 채동욱을 내쳐버립니다. 이어서 국정원 사건을 열심히 파헤치고 있던 윤석열 검사도 지방으로 날려버립니다. 이러한 일련의 과정은 검찰 조직에 씻을 수 없는 상처를 안겨줬습니다.

이제껏 검찰 조직이 보수 집권 세력을 위해 열심히 협조해온 역사가 있고, 그 덕분에 나름 검찰 조직의 위상이 정권의 파트너·대주주 정도는 된다고 여겼는데 2013년 검란을 맞이하게 된 거지요. 이건 뭐 청와대가 검찰을 그냥 말 잘 듣는 번견 정도로만 취급하고, 높으신 분의 라인을 타기 위해 줄을 댄 공안 검사들은 검찰 조직이 아닌 청와대에 모든 충성을 바치며 동료들을 쳐내더란 말입니다. 그 덕분에 그리 정치질 잘한 검사 출신들이 박근혜 정권의 고위직을 차지하는 경우가 많았지요. 그 아래에서 검찰은 국정원 똥 치우고, 국정원이 조잡하게 설계해 가져온 간첩 조작 사건 처리나 하며 간판에 오명을 더해갈 뿐이었습니다.

결국 검찰의 이런 정치성은 그 조직에 있어서나 이 나라에 있어서나, 가장 시급하게 청산해야 할 적폐로 남겨집니다. 이제 정치질 잘하는 똑똑한 강아지들이 아닌 멍청한 고양이들에게 칼을 맡길 때가 된 거지요.

국정원 꽃전쟁

2014년 3월 14일

#국정원_간첩_조작_사건

#존재_이유_자작

굽시니스트의 못다 한 이야기

2014년 4월, 유우성 간첩 사건에 대해 2심 재판에서 무죄 판결이 나왔습니다. 그리하여 이제 사건은 국정원 간첩 조작 사건으로 넘어가 국정원에 대한 수사로 이어지게 됩니다.

국정원이 한 사람을 간첩으로 만들기 위해 엄청난 공력을 들여 모든 증거를 조작하고, 보수 언론 언플을 통해 이를 공안 사건으로 몰고 갔지만, 21세기 대명천지에 그런 무리수는 결국 파국을 맞이했습니다. 조작에 관여한 과장이 자살 시도 후에 그 후유증으로 관련 기억을 다 잃었다는 희대의 개드립까지 등장했지요. 그 재판 과정은 국정원과 공안 검사, 보수 언론을 사로잡고 있는 비이성적 광신이 어떻게 현실에 체현되는지에 대한 훌륭한 본보기라 할 만합니다.

이후 간첩 조작 사건에 관여한 국정원 직원들에게 유죄가 선고되었지만, 국가보안법상 증거 모해죄라는 형량 무거운 죄목을 적용하지 않아 1, 2년의 가벼운 징역형이 내려졌을 뿐입니다(더군다나 직급 높은 사람들에게는 집행유예…).

사건의 자세한 스토리에 대해서는 영화 〈자백〉을 필히 챙겨봐주시길 바랍니다.

제n차 민주당

2014년 3월 28일

#새정치민주연합

#민주당

이 1,2,3,4 항목을 갖추고 있다면 사람들은 5,6,7,8이 뭐가 됐든 그 당을 민주당이라고 부른다.

굽시니스트의 못다 한 이야기

2014년 3월 26일, 민주당과 안철수 신당의 결합을 통해, 새정치민주연합이 출범합니다.
제도권 정당 바깥에서의 정치 활동에 한계를 느낀 안철수와 친노 견제의 구심점을 찾던 비노 세력의 이해가 맞아 떨어진 부분이라 하겠습니다.
안철수 쪽 입장에서는 국민들에게 이 새정치민주연합이 기존 민주당과는 관련없는 말 그대로 새정치 신당으로 받아들여지기를 원했겠지만, 이는 당연히 물리적으로 무리인 바람이었지요.
새정치민주연합은 만화에서 언급된 민주당의 세가지 정체성 (1) 새누리당의 대적자 (2) 호남 기반 (3) 원내 제2당을 고스란히 물려받은 빼도 박도 못할 민주당이었습니다.
그런데 지금 시점(2017년 4월)에 돌이켜보면, 안철수가 민주당에 들어와서 지우고 싶어 했던 민주당의 정체성이 나중에 안철수가 민주당을 떠나면서 사라지게 되니 참으로 아이러니한 일입니다.

(1) 새누리당의 대적자라는 정체성은 새누리당 자체가 분열되고 와해되면서 보수 재편 완료 때까지 당분간 사라지게 되었습니다.
(2) 호남의 선택이라는 정체성은 안철수 자신이 국민의당을 만들면서 가져가버렸습니다.
(3) 원내 제2당이라는 정체성은 20대 총선과 새누리당 와해로 민주당이 원내 1당이 되면서 사라졌습니다.

그렇게 이 만화에서 언급된 주요 정체성의 소멸이 앞으로 주욱 이어질지 아니면 다시 복구될지 흥미있게 지켜볼 만한 부분입니다.

4·16

2014년 4월 18일

#세월호_침몰

굽시니스트의 못다 한 이야기

저는 개인적으로 자책 편집증이 좀 있는 편입니다.
이를테면 집에서 나와 전철역 개찰구까지 와서야 휴대폰과 지갑을 깜빡했다는 걸 깨닫는다든지, 주차시 후진하면서 후방 카메라만 보다가 건물 기둥에 백밀러를 뭉개 박살낸다든지, 온라인에서의 무익한 이야기에 멍청한 대거리로 스스로를 망친다든지, 대화 중에 결례 넘치는 말실수를 한다든지 하는 자책거리들을 마주할 때 말입니다. 이에 대해 우울하게 마음을 구기며 자학하곤 합니다. 스스로를 욕하고 탓하고 절망하며 이를 갑니다. 머리카락을 쥐어뜯고 주먹으로 이마를 쿵쿵 올려치기도 하지요. 그런 상태가 꽤 오래갈 때도 있습니다. 이 증상은 뭔가 폐소공포증과 유사한 면이 있다 할까요. 밀폐라는 공간적 답답함은, 되돌릴 수 없는 시간적 답답함과 비슷한 것 같습니다. 이 시간의 폐소라는 함정으로 걸어들어간 것에 책임질 사람은 자신뿐이기 때문에 자책하고 자학할 수밖에 없습니다.
이런 자학 편집증은 사실 현대 한국 사회에서 흔하디흔한 양상이라고 합니다. 여러 요인이 있고, 여러 주의점도 있고, 여러 개선 방안도 있으니, 혹 유사한 증상을 가진 분이 계시다면 좀 더 마음을 편히 가질 수 있는 방향으로 개선해 나갑시다.
2014년 4월 16일에 그런 자학 증상을 심하게 겪었습니다. TV 속보로 세월호 사고 소식을 처음 접했을 때는 딱히 대참사의 조짐이 느껴지지 않았습니다. 승객들이 거의 다 구조되었다는 이야기도 나왔고, 화면에 뜬 배의 모습도 그리 심각해 보이지 않았습니다. 그래서 그런가 보다 하고 백수 프리랜서 만화가답게 콜라를 안고 컴퓨터 앞에 앉아 게임을 계속했습니다. 그리고 몇 시간 후, 대참사가 확정되었을 때는 이를 갈고 머리를 쥐어뜯으며 주먹으로 이마를 올려쳐야 했습니다. 수백 명이 천천히 생수장당하는 와중에 콜라 빨며 게임이나 하고 있었다는 죄의식이 그런 자학을 불러왔던 것 같습니다. 되돌릴 수 없는 시간의 함정에 모두가 함께 빠졌다는 답답함도 그런 증상을 불러오는 데 일조했습니다.
보편적인 슬픔과 분노뿐만 아니라 그런 유의 심리적 흉터를 마음에 남긴 사람들도 적지 않으리라 여겨집니다. 그런 자책감에 대한 벌충 의지가 개인적으로 세월호를 계속 마음의 수면에 붙잡아둔 닻줄 중 한 가닥일 수 있겠지요.

참사 이후의 참사

2014년 4월 25일

#박근혜_세월호_대응

#미개

#박근혜_실드

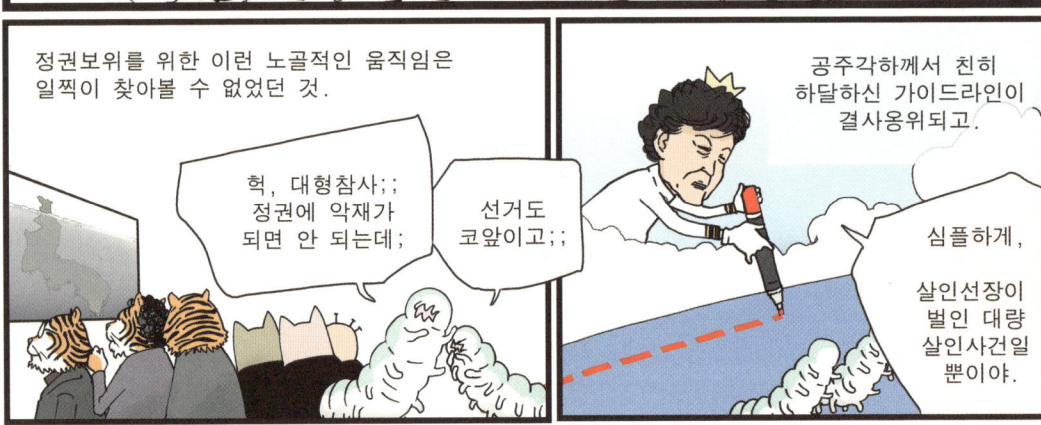

굽시니스트의 못다 한 이야기

당시 대통령께서도 자학하며 머리를 쥐어뜯으셨는지, 그래서 그리 헝클어진 머리를 다듬는 데 오랜 시간이 필요했었는지, 자학하며 스스로 얼굴을 치셨는지, 그래서 볼때기에 그런 퉁퉁함이 묻어 있었는지, 충격으로 정신줄을 놓치셔서 구명조끼 어쩌고 하는 이상한 말씀을 남기게 되셨는지, 출근은 하셨는지, 소식을 듣긴 들었는지, 그냥 아무것도 기억나지 않으시는지 등등에 대한 의문이 꽤 오래 이어져 왔습니다. 이런 질문들을 박근혜 씨가 면전에서 들어보기나 했을지, 그에 대한 답변을 고민해본 적이 있을지도 의문이지요.

대통령에 대한 그런 의구심을 참사보다 더 흉악한 것으로 여겨, 정부 권력은 이를 차단하고 뭉개는 데 총력을 기울였습니다. 맞불로 여론전을 일으켜 국민들이 서로에게 잔인한 말을 던지도록 하고, 애통과 짜증, 공감과 비공감으로 국론을 분열시켰습니다. 분열된 국론을 바탕으로 한 피해자 이지메를 통치의 기본 이념으로 삼았습니다.

참사 이후에 벌어진 이 참사가 나라에 남긴 상처는 아주 오랫동안 아물지 않은 채 한 방울씩 피를 떨궜고, 그 한 방울이 콧등 위에 떨어져 부서질 때마다 우리는 괴로운 상념들을 이어가야 했습니다.

일당 1000

2014년 5월 30일

#안대희_총리_지명

#일당_천만_원

굽시니스트의 못다 한 이야기

세월호 참사의 책임 문제도 있고 해서, 박근혜 정부는 새 총리 인사로 안대희라는 카드를 꺼내듭니다. 오랜 세월 동안 검찰 개혁에 저항하며 국가 권력 파이에서 자신들의 지분을 착실히 늘려가던 검찰 마피아, 즉 검피아와 박근혜 정부의 유착은 꽤나 노골적이어서 박근혜 정부의 주요 인사 목록에는 항상 검사들의 이름이 올라갔습니다.

이 나라에서 정적을 실제로 잡을 수 있는 물리적인 칼은 검찰이 유일하니, 그 칼과 친구가 되어 마음껏 휘두르고 싶다는 욕망은 권력자로서 거부하기 힘든 것이겠지요. 검피아의 보스들 중 하나였던 안대희 씨는 그런 유착을 굳혀갈 총리로 대단히 적합한 인사였습니다. 그리고 어떻게 잘되었다면 여권 친박의 차기 잠룡으로 내세울 만한 포텐도 갖춘 인물이었지요.

하지만 인사 청문회 과정에서 각종 의혹들이 폭로되고, 결정적으로 대법관 퇴임 후 대형 로펌에서 일하던 시기의 급료를 계산해보면 일당 천만 원이었다는 사실이 대중 전반에 꽤 충격을 안겨줬지요. 이로 말미암아 법조계의 고질적인 전관예우 문제도 다시 도마 위에 올랐고 말입니다. 결국 안대희 사퇴로 3안 시대라는 그럴듯한 정치 타이틀은 불발되고 말았습니다.

안희정은 이 무렵, 충남도지사 선거를 앞두고 이후의 대권 도전 가능성을 시사해 충남인들의 마음을 설레게 했지만, 사실 이때까지만 해도 다수의 정치 관객들에게는 그리 거물로 여겨지지 않았더랬습니다. 하지만 충청도 사람들은 이미 천하인을 키워내자는 뜻을 조용히 모으고 있었던 것입니다.

제6회 전국 지방선거

2014년 6월 6일

#절반의_패배

#절반의_승리

#무승부

충청도의 함락 2014

충남 충북 대전 세종
광역단체장-민주당 전승

서청원 이회창 이인제 이완구 박성효 정진석   안희정 권선택 이시종 이춘희 이해찬

마법지방 경기도 남기도
MAGICAL STATE ★

경기도 지사
남경필 당선

나와 계약해서
마법도(道)가
되어줘!!

툭

헉! 서울젬이!

인천상륙작전

인천 시장
유정복 당선

장관님이 혼자
탈출했어!

유정복

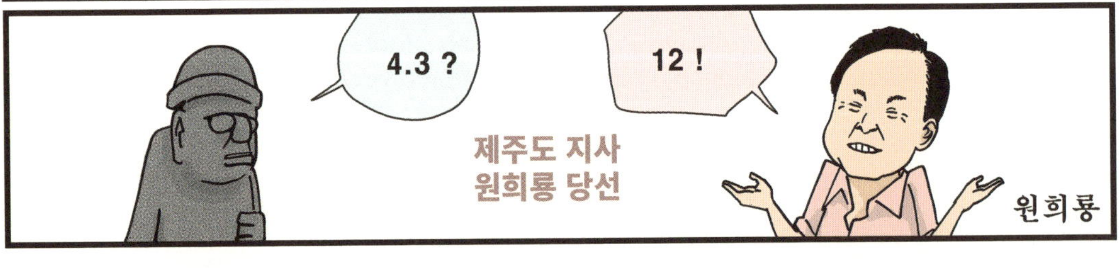

4.3 ?   12 !

제주도 지사
원희룡 당선

원희룡

굽시니스트의 못다 한 이야기

2014년 6월 4일, 제6회 전국 지방선거가 치러졌습니다.
세월호 참사의 여파로 여당에 불리한 판세가 예상되었지만, 박근혜가 지난 선거의 여왕 어빌리티가 아직 녹슬지 않아서인지 보수 진영의 여론몰이가 탁월해서인지 새누리당은 패배를 면합니다.
경기도와 인천, 경상남북도와 대구, 울산, 부산, 그리고 제주도에서 새누리당이 승리합니다.
민주당은 서울과 충청남북도, 세종과 대전, 전라남북도와 광주에서 승리합니다.
사실 이 선거 최고의 스타는 서울시 교육감 선거에 나섰다가 낙선한 고승덕일 것입니다. 고승덕이 유세 중 딸에게 보내는 공개 사과 메시지는 2014년 최고의 인터넷 합성 필수요소 짤방거리로 등극했습니다.
서울시장 선거에 나섰다가 아들의 국민 미개 발언과 농약 급식 드립 등등을 남기고 낙선한 정몽준은 이 패배를 끝으로 사실상 정치 무대에 이별을 고합니다. 서울시장 선거 당시 정몽준이 보였던 눈물은 결국 비웃음거리로만 남게 되었지요.

!!??!!!???
2014년 6월 13일

#문창극_총리_지명

#신돈

굽시니스트의 못다 한 이야기

지방선거도 어찌어찌 넘겼겠다, 이제 슬슬 마음에 드는 총리를 임명할 때가 되었습니다. 그렇게 내놓은 총리 인사가 극우 언론인인 문창극 씨였습니다.

이 인사에 대해서는 대한민국 전체가, 좌우 보혁 노소를 막론하고 어안이 벙벙할 수밖에 없었습니다. 권력과 재력의 껍데기를 열심히 핥아 반질반질 빛나게 하는 데 반생을 바치고 저항과 민주주의를 조롱하는 막말로 남은 반생을 채운 늙은 기자를 갑자기 총리에 앉힌다니, 이는 대한민국 역사상 비슷한 사례도 찾을 수 없는 파격적인 인사라 하겠습니다. 이승만, 박정희, 전두환도 총리 인사를 가지고 저런 장난을 친 일은 없지 말입니다.

안대희 총리 카드는 박근혜 정부에 빌붙은 보수 시스템이 나름 합리적으로 내놓은 카드라고 볼 수 있지요. 그에 비해 문창극 총리 카드는 어떤 측면으로 봐도 합리성이나 개연성 따위는 다른 차원으로 날려버린 불가해한 폭거였습니다.

이해할 수 없는 일에 대해 이해하려고 노력하다 보니 도시전설적인 추론이 나올 수밖에 없었습니다. 박근혜 대통령을 에워싼 은밀한 안개가 있고, 그 안개는 신비주의적인 조언으로 대통령의 충동적인 감성을 실체화한다고 말입니다.

저런 인사 폭거의 불가해성도, 지금 시점에서 최순실이라는 요인을 집어넣어 생각해보면 이해가 가는군요.

문창극

2014년 6월 20일

#문창극_요설

#의외로_흔한_세계관

굽시니스트의 못다 한 이야기

문창극이 남긴 주옥같은 역사관 드립은 사실 보수 우파 기독교 사관이라는 측면에서 볼 때, 그리 엄청 튀는 신기한 발언은 아니었습니다.
무지몽매한 야만 조선과 미개한 백성, 이를 깨우치는 근대화의 강압, 미국이라는 축복, 이승만과 박정희라는 건국과 부국의 메시아들.
이는 많은 우파적 신념인들의 기본 스탠스이기도 하며, 인터넷을 조금만 서핑해도 여기저기서 금방 마주칠 수 있는 신념입니다.
다만 그런 신념을 문창극처럼 맛깔나는 어그로로 뽑아내는 경우는 그리 많지 않지요.
문창극 덕분에 박근혜 정부는 처음으로 지지도가 40%까지 내려앉습니다. 새누리당은 도저히 감당 불가라며 문창극의 총리 후보자 사퇴를 청와대에 간언했습니다. 그 상황에서도 끝까지 버티던 문창극은 청와대에서도 포기했다는 전언을 듣고 결국 사퇴하게 됩니다.
재미있는 건, 어떤 논란이 불거진 후보자에 대해서도 박근혜 대통령은 끝까지 지명 철회를 하지 않는다는 점입니다. 자신의 선택이 실수였다는 걸 절대 스스로 인정하지 않는 거죠. 이런 박근혜의 신성 불가침 무오류성을 지키기 위해 청와대 사람들이 해당 후보자에게 가서 사퇴를 종용했다고 합니다. 그 과정에서 이게 대통령의 뜻이라고 말할 수도 없고, 말하지 않을 수도 없는 딜레마 때문에 상당히 고급진 수사학이 필요했지 싶습니다.
이때가 브라질 월드컵 기간이었기에 축구 묘사를 넣긴 했는데, 한국 팀이 안 좋은 성적을 남긴 채 광탈해서 아쉬웠습니다.

Secret time

2014년 8월 15일

#사라진_7시간

#산케이_찌라시

#정윤회

굽시니스트의 못다 한 이야기

일본의 우익 찌라시인 〈산케이 신문〉의 서울 지국장 가토 다쓰야가 박근혜 대통령의 사라진 7시간에 대해 정윤회와의 밀회 운운하는 칼럼을 썼습니다. 청와대는 대로했고, 검찰은 결국 외국인 기자를 기소하는 무리수를 두고 맙니다.

일본의 역대 지도자들이 워낙 성추문을 기본 속성으로 지닌 사람들이었던지라 그런 느낌을 그대로 가져왔을 수도 있다 싶습니다.

주목할 점은, 박근혜 정권의 타임라인에 정윤회가 주요 키워드로 등장했다는 겁니다. 찌라시로만 돌던 이름이 수면 위로 떠오른 거죠.

그리고 문제의 7시간에 대해 청와대가 어째서 그렇게 기를 쓰고 방어하는지, 그에 대한 의구심의 씨앗이 여론의 지면 아래에 자리잡기 시작했습니다.

문제의 가토 다쓰야는 결국 무죄를 받긴 합니다. 외국인 기자를 그리 기소한 건 분명 미안한 일이긴 하지만, 독도·위안부 문제에 대한 가토 다쓰야의 망언들을 생각하면 무죄 판결 후의 그 기고만장한 얼굴 때문에 배가 아파지는 부분이 있군요.

패자의 미학

2014년 8월 22일

#재보궐_선거_패배

#새정련_멘붕

굽시니스트의 못다 한 이야기

2014년 7월 30일, 국회 15석의 공석을 메우는 사상 최대 규모의 재보궐 선거가 치러졌습니다.
새누리당이 7석 이상 승리하지 못하면, 새누리당의 국회 과반이 붕괴할 수도 있는 그런 미니 총선이었습니다.
뭐, 결과적으로는 새정련이 11대 4로 참패합니다.
손학규도 추락하고, 김두관도 침몰했습니다. 야권 단일후보로 출격했던 정의당 노회찬도 나경원에게 패했습니다.
결국 책임을 지고 안철수·김한길 지도부가 사퇴하게 됩니다.
세월호 참사로 주춤했던 박근혜 정부의 국정 운영 동력은 이 압승으로 다시 에너지를 만땅 채웁니다. 당 대표로 이 승리를 이끈 김무성은 차기 대권 주자로 최고의 주가를 올립니다. 호남에서 최초로 새누리당에 의석을 가져온 이정현이 천하에 이름을 알립니다.
결국 민심은 아직 선거의 여왕을 지지하고 있었던 것입니다. 아직은 말이죠.

Save us

2014년 10월 31일

#신해철_R.I.P.

#Here_I_stand_for_you

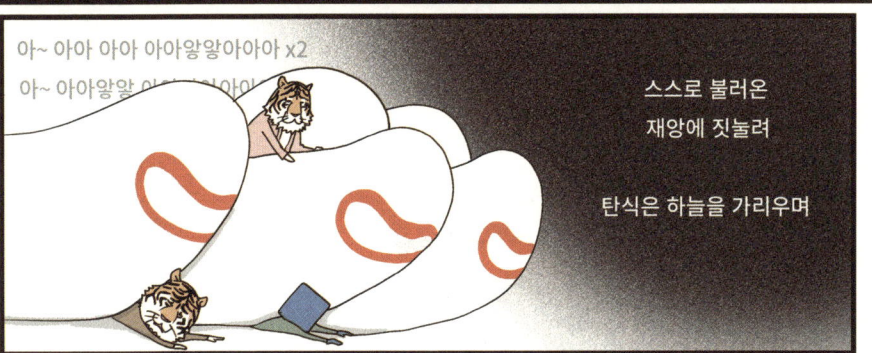

굽시니스트의 못다 한 이야기

2014년 10월 27일, 신해철이 사망합니다.
우리는 이 위대한 음악가를 추억하며, 동시에 유쾌한 도락가와 앞장서는 시민, 선량한 인간을 추억할 수 있습니다.
그가 남긴 음악과, 그가 가리킨 세상의 방향. 노래여 영원히.
만화에는 게임 '길티기어'의 캐릭터 테스타먼트를 등장시켰습니다. 신해철이 그 게임의 사운드 트랙에 참여하고, 테스타먼트의 한국어 더빙을 했지요.

각하스텔라

2014년 11월 21일

#4대강

#자원외교

#통일대박

#증세_없는_복지

굽시니스트의 못다 한 이야기

2014년 후반기에 이미 이명박 정권의 4대강 사업과 자원외교의 실체가 드러났습니다.
몇십조 원의 국부 탕진에 대해 언젠가는 그 책임과 내막을 물을 날도 오겠지요.
만화는 당시 흥행한 SF영화 〈인터스텔라〉를 패러디해 그렸습니다.

이건희 손자 급식비

2014년 11월 28일

#무상급식_논란

#선별적_복지

#이건희_손자론

굽시니스트의 못다 한 이야기

홍준표 경남도지사의 전체 무상급식 중단, 선별적 저소득층 무상급식 방침에 따라 관련 논란이 다시 불거져 나옵니다.

아주 기똥찬 워딩이 하나 나왔으니, 그것이 바로 '이건희 손자한테까지 왜 무상급식'이라는 거죠. 뭐 이에 대해서는 이건희 손자든 누구든 같은 시민으로서 사회 시스템에 함께하는 것이라든지, 이건희 손자는 어차피 사립학교에서 맞춤 도시락 시켜 먹는다든지, 이건희 손자 숫자는 어차피 50명도 안 될 거 통계에 잡히지도 않을 비용이라든지 수많은 논리와 단상들이 쏟아져 나왔으니 부연할 필요는 없겠지요.

부연할 필요가 없음에도 불구하고, 이 이슈가 지난 정권에서부터 이어져온 중요한 이슈고, 우리 사회가 나아가야 할 방향에 대해 어떤 본질적 논쟁거리를 담고 있기에 이렇게 만화를 그리게 되었습니다.

마지막 컷은 현이 씨의 웹툰 〈즐거우리 우리네 인생〉에 등장한 명대사를 인용한 것입니다. 그 탕진잼 짤방은 인터넷에 널리 회자되어 많은 가산 탕진을 이끌어낸 바 있습니다.

피와 물의 노래

2015년 1월 16일

#십상시

#정윤회

#박지만

#청와대_문건_유출

굽시니스트의 못다 한 이야기

박지만, 정윤회가 얽힌 청와대 문건 유출 파동이 터졌습니다.
지금 와서 돌이켜보면 이는 참으로 거악의 실체를 밝혀낼 실마리였지만, 박근혜 정부는 이를 철저히 묻어 감추는 데 성공합니다.
언론은 단순한 청와대 궁정 권력 다툼으로 오도했고, 검찰은 오히려 폭로자를 잡아 벌했습니다.
결국 비선 실세의 단초를 폭로한 경관이 억울하게 자살했고 사건은 게이트로 오픈되지 못한 채 닫히게 되지요. 그렇게 자살한 고발자의 한을 생각하면 세상이 두려울 뿐입니다.
당시 문건 유출 파동의 배후로 청와대에서 K와 Y를 거론한 것에 김무성 측이 꽤 불쾌해했다고 하지요.
사실 만화를 그릴 이 시점까지만 해도, 궁정 권력 다툼 정도로 보이던 이 사건이 얼마나 큰 빙산의 일각이었는지 저로서는 예상조차 못 했다는 것이 부끄러울 뿐입니다. 하지만 이때 이미, 〈시사IN〉의 주진우 기자가 이 거대한 빙산의 실체를 확인하기 위해 목숨을 걸고 저 검은 물 속으로 잠수하여 탐사하고 있었던 것입니다.

창·문 평행이론

2015년 1월 23일

#문재인_이회창

#대권_재수

굽시니스트의 못다 한 이야기

2014년의 재보궐 선거 참패 이후, 새정치민주연합은 박영선 비대위원장, 문희상 비대위원장을 거쳐 2015년 2월 전당대회를 통해 새 지도부를 선출하기로 합니다. 그리하여 문재인과 박지원이 당 대표 선거에서 맞붙습니다.
문재인이 다시 대선에 나서는 걸 허용하지 않을 게 뻔한 박지원을 당 대표 자리에 앉힐 수 없었던 문재인은 결국 직접 박지원을 꺾는 진검 승부에 나섭니다.
산전수전 다 겪은 박지원이 득표율 41%까지 따라오지만, 결국 문재인이 45%의 득표율로 당 대표로 선출됩니다.
하지만 그 뒤로 박지원의 원한은 계속 이어지고, 결국 훗날의 집단 탈주로 이어지게 됩니다.
만화에 사용된 패러디는 AOS 게임 '리그 오브 레전드'의 미드 캐릭터들입니다. 지금 설마 '롤'을 모른다는 분은 안 계시겠죠.

Toy story

2015년 2월 27일

#이완구_총리_지명

굽시니스트의 못다 한 이야기

언제나 충청도에서 이기는 자가 천하를 가져갔습니다. 그 충청도가 지난 지방선거를 통해 통째로 새정련 쪽으로 넘어갔을 때 새누리당은 꽤 위기감을 가졌을 것입니다. 하지만 재보궐 선거에서는 충청권에서 3:0으로 새누리당이 압승합니다. 참으로 밀당을 잘하는 땅 충청도입니다.

그 충청도의 새누리당 세력을 대표하는 맹주가 바로 이완구였습니다. 이완구를 총리로 앉히면서 충청권 잠룡을 키우고 새누리당의 충청권 우세를 확고히 하자는 전략은 꽤 그럴듯한 수였습니다. 인물 부족에 시달리는 친박계에서, 이 정도 인물이면 어느 정도 친박 대권 주자로 밀 만했습니다.

하지만 역시 정치를 오래해온 사람은 그만큼 구린 발자국도 많이 남기기 마련. 이완구에 대한 검증에 들어갔을 때, 이런저런 구린내들이 터져나왔습니다. 수상한 병역 면제에, 건강보험료 미납에, 언론 길들이기에, 부동산 투기에, 독재 부역 등등.

그래도 뭐랄까, 정치인 총리 후보가 등장하면 국회가 좀 봐주는 경향이 없지 않다랄까요. 국회의원들은 직업 정치인들에게 더 많은 감투가 배당되기를 바라기 마련. 총리 자리가 직업 정치인 몫으로 굳혀지길 바라는 마음은 여야를 가릴 게 없겠지요.

사실 저 개인적으로도 총리 자리는 국회의 직업 정치인들 몫으로 두는 게 안정적인 국정 운영과 활기찬 정치를 위해 바람직하다고 생각합니다.

뭐, 그래서 결국 이완구는 어찌어찌 총리 자리에 앉긴 합니다만….

자폭하는 칼날

2015년 3월 6일

#미국_대사_피습

#진영전

국내 정치에서의 개이득에 너무 신난 나머지, 외교뇌를 삭제한 듯한 모습도.

굽시니스트의 못다 한 이야기

2015년 3월 5일, 리퍼트 주한 미국 대사가 백주대낮에 피습당합니다.
리퍼트는 군 경력을 지닌 엘리트이자 외교관답게 의연히 대처했지만, 우리 정부와 언론의 난리법석은 살짝 부끄러웠습니다. 이를 국내 정치 진영전의 호재로 이용하려는 모습은 우리 국민이 표한 미안한 감정에 먹칠을 휘갈긴 것이라 하겠습니다.
광화문 광장에서 펼쳐진 리퍼트 대사 쾌유 기원 기도회에서의 부채춤, 발레 등의 공연은 뭔가 영화 〈아바타〉의 한 장면을 연상케 하는 오리엔탈 판타지 컬처 쇼크로 세계에 깊은 인상을 남겼습니다.
정신에 약간 문제가 생길 법한 범인의 그 살아온 길을 생각할 때, 애초에 이를 살펴 케어하지 못한 진보 진영에도 책임이 없다 할 수는 없겠습니다.
만화 말미의 패러디는 애니메이션 〈차지맨 켄〉의 한 장면으로, 인터넷에 짤방, 움짤로 널리 회자된 바 있는 인간폭탄 신입니다.

경우의 수

2015년 3월 20일

#THAAD

#당근과_채찍

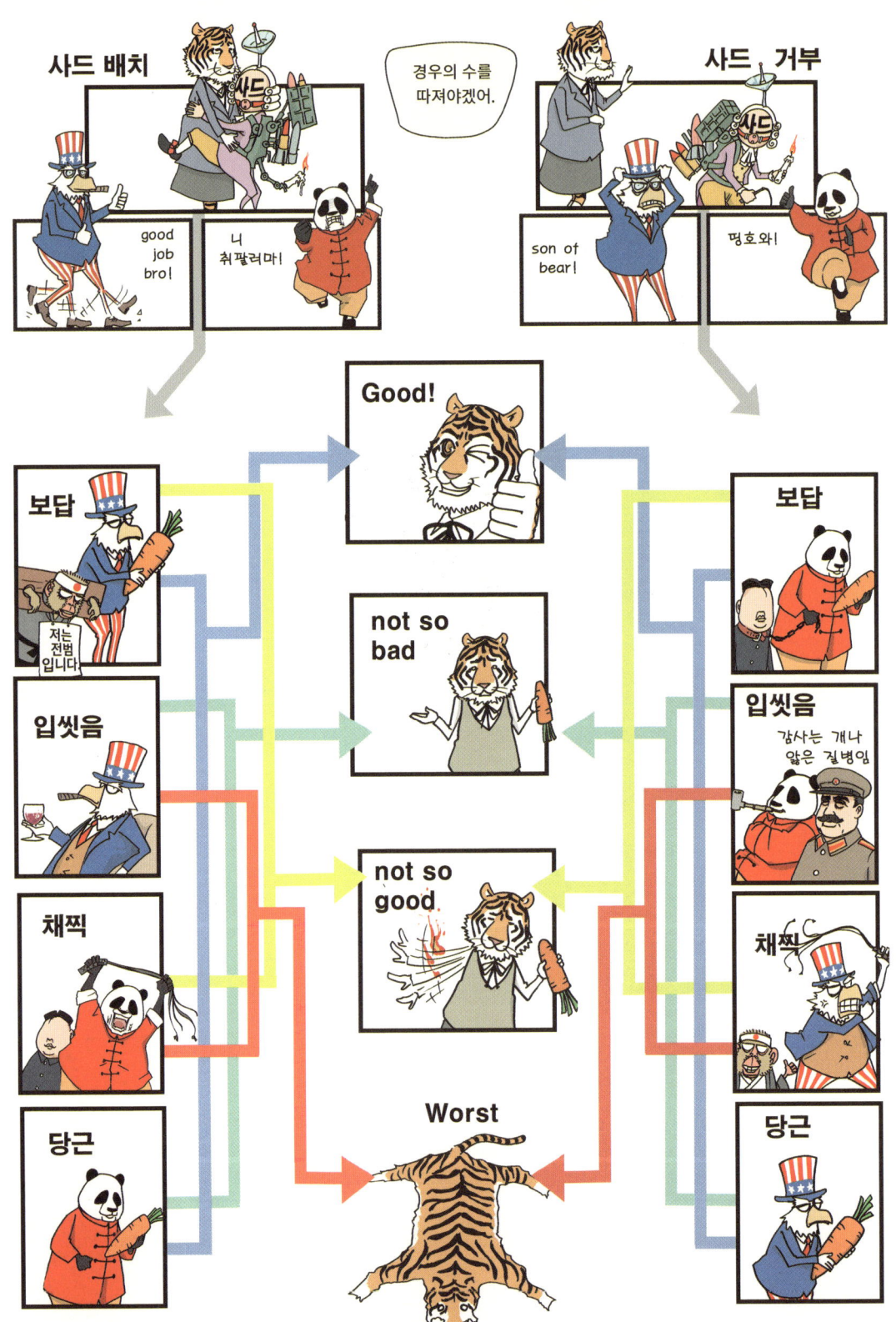

굽시니스트의 못다 한 이야기

2015년 3월경, 사드는 아직 포장지를 뜯지 않은 무기체계였지만, 이미 한반도 사드 배치 문제를 놓고 미중간 신경전의 기색이 슬금슬금 피어오르고 있었습니다.
2017년 4월 지금 와서 보니, 결국 이 문제는 저 경우의 수들 중 Worst 케이스로 결착난 듯합니다.
트통령님, 시주석님, 부디 평화와 아량을 베풀어주세요.

House Of Box

2015년 4월 17일

#이완구_실각

#성완종_게이트

#비타_500_박스

굽시니스트의 못다 한 이야기

성완종 회장의 자살과 그가 남긴 메모, '성완종 리스트'로 게이트가 열립니다.
성완종 리스트에 뇌물 수뢰자로 적힌 인물들에 대한 검찰 수사와 기소가 진행되었습니다. 그 과정에서 '비타 500' 박스에 담긴 3천만 원이 화제가 되기도 했습니다.
이로 인해 결국 이완구 총리는 실각하게 됩니다(하지만 홍준표 경남지사는 끝까지 지사직을 유지하고 대선에까지 나오지요).
만화는 미국 정치 드라마 〈House of Cards〉를 패러디해 그렸습니다. 이완구가 위기를 벗어나기 위해 대통령을 탄핵하고 스스로 대통령이 된다는 시나리오는 좀 억지스러운 구석이 있었습니다만… 1년 후….
만약 성완종 게이트 없이 이완구가 총리직을 유지했다면, 이완구는 박근혜 탄핵 국면에서 황교안보다 훨씬 능수능란한 정치질을 구사하며 역사와 권력의 향방을 의외의 루트로 끌고 갔을지도 모르겠습니다.

고전 비극의 완성

2015년 4월 24일

#세월호_1주기

#감정

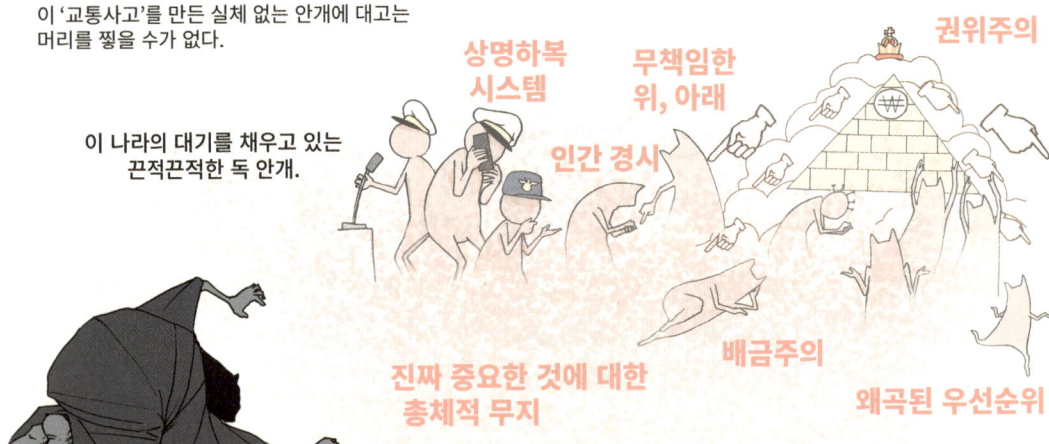

그리하여 그 벽을 향해 찧을 머리를 날린다.

드디어 실체 없는 안개가 현실의 벽이 되어 머리를 받아주었다.

과연 벽은 강고하게 준비되어 있었고

무대 양쪽 코러스의 합창이 극의 클라이맥스를 알리며

관중의 리액션도 그대로 배경이 되고

안 불쌍?

지겨움.

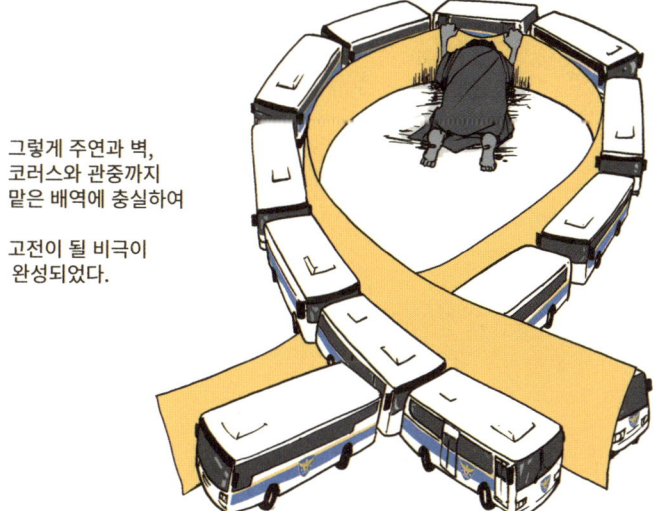

그렇게 주연과 벽, 코러스와 관중까지 맡은 배역에 충실하여

고전이 될 비극이 완성되었다.

자기 배역이 어떻게 소화되었는지, 지구 반대편에서 제대로 인지하셨는지는 모르겠지만,

i~티ou

굽시니스트의 못다 한 이야기

세월호 참사 1주기를 맞이하는 여론은 꽤나 양분되어 있었습니다.
사람들은 억울함과 한에 공감하기도 했지만, 예산 낭비 프레임에 공감하기도 했습니다.
그 때문에 박근혜 정부는 세월호를 들먹이는 사람들을 모두 간단하게 '저쪽 편'에 두고 상대할 수 있었습니다.
문화계 블랙리스트도 그리 만들어졌고 말입니다.
서울에서 세월호 희생자 추모 시위대가 경찰 차벽을 두드리고 있는 동안, 박근혜 대통령은 지구 반대편 남미 순방 중이셨습니다.

정은 왕자

2015년 5월 29일

#김정은_핵

#오바마_무시_전략

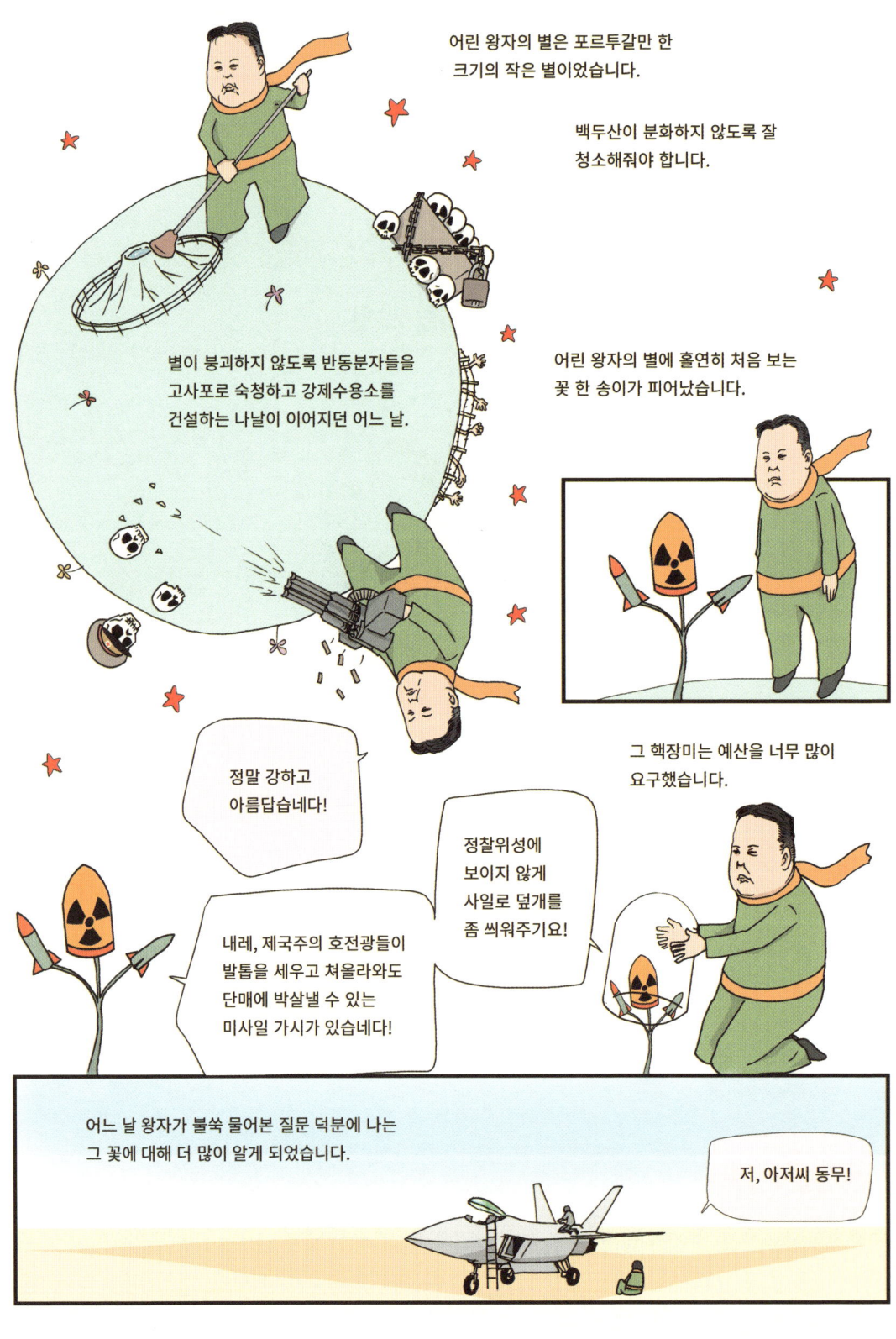

굽시니스트의 못다 한 이야기

2015년 5월 9일 북한은 처음으로 잠수함에서 SLBM(잠수함 발사 탄도 미사일)을 발사합니다. 잠수함에서 발사하는 미사일을 개발해 유사시 어떻게든 보복을 하고 말겠다는 의지의 천명이지요. 라곤 하지만 북한의 잠수함이라는 물건들이 딱히 원양으로 무사히 기어나올 수 있는 것들이 아니기 때문에 그 효용성에는 의문이 제기됩니다.

아무튼 북한은 어떻게든 핵을 가지겠다고 핵개발 프로그램을 꾸준히 진행시켰고, 그 투발 수단인 미사일 또한 꾸준히 개발해왔습니다.

오바마 정부의 '전략적 인내'는 딱히 어떤 정책이 아니라, 그냥 무시한 채로 내버려둔다는 전략 같습니다. 심지어 북한이 오바마에게 아프리카 잡종 원숭이 운운하는 엄청난 인종적 폭언을 퍼부어도 미국은 별다른 관심을 주지 않았습니다. 하지만 2017년 4월 현재, 트럼프 대통령은 북한에 관심이 있으시네요. 일이 어떻게 진행될지 두근두근하고 무서워 죽겠습니다.

고위직 신경중추 증후군

2015년 6월 5일

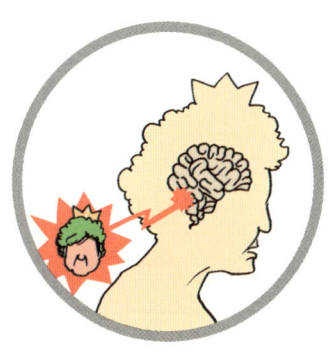

#메르스

#박적박

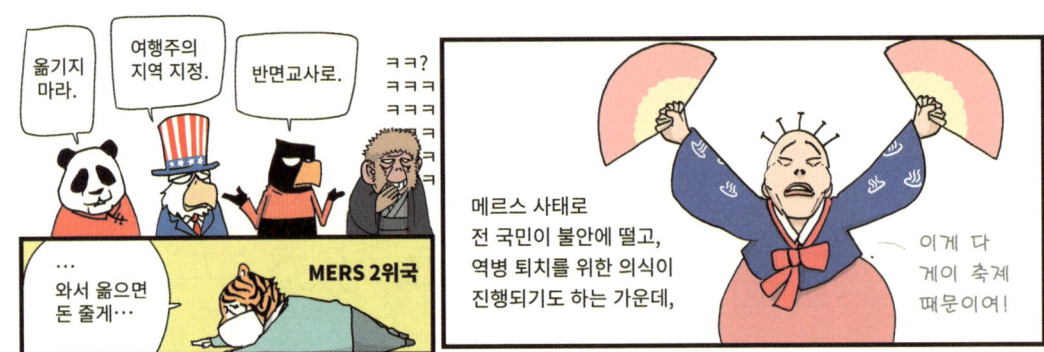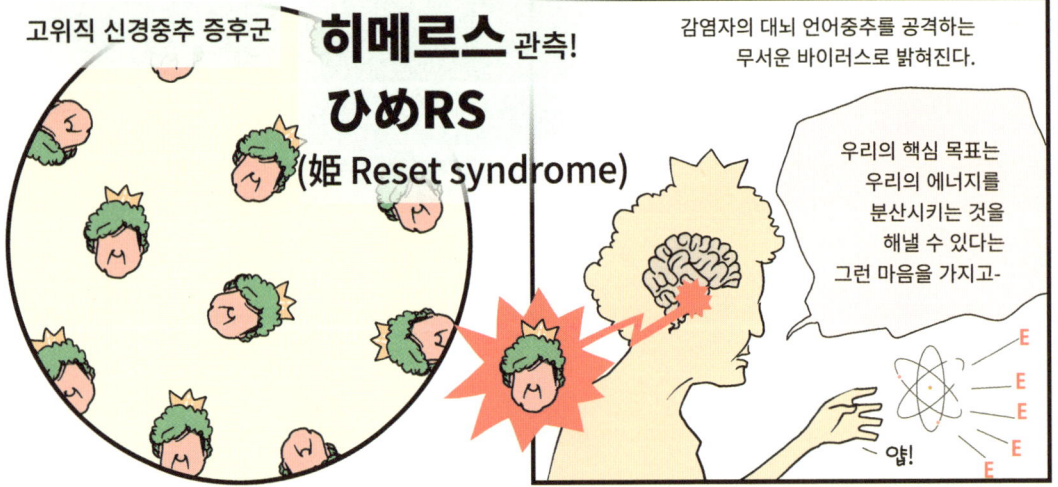

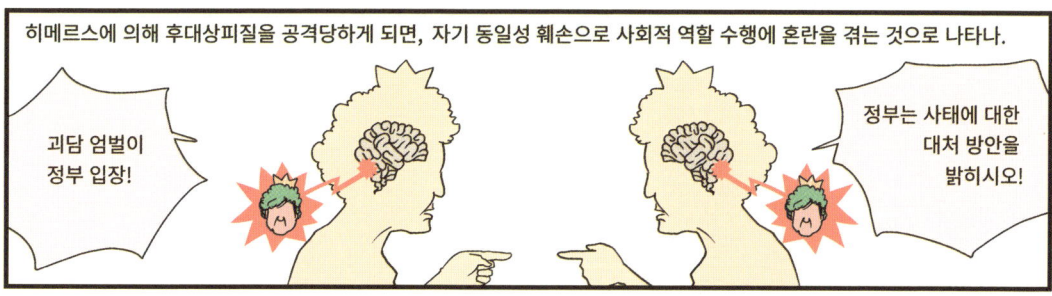

굽시니스트의 못다 한 이야기

2015년 5월 말, 메르스가 한국에 상륙합니다.
메르스 사태는 정부의 미숙한 대응으로 결국 사망자 38명을 남긴 방역 참사가 되고 맙니다.
대단히 많은 논란거리가 숙제로 남았습니다.
컨트롤 타워 부재, 정보 통제, 병원들에 대한 책임 전가, 관료주의, 시민의식 등등….
기억에 남는 건, 메르스로 중국인 관광객 숫자가 급감하자, 정부는 한국에 온 관광객이 메르스에 감염될 경우 보상금을 지급한다는 대책을 내놓았더랬지요. 사드 보복으로 중국인 관광객이 싹 사라진 지금 돌이켜보면 뭔가 아이러니한 재미가 있군요.
이 시기 메르스 사태 때문에 박근혜 대통령의 미국 방문도 취소되고 맙니다. 미국에서 메르스 옮을까 봐 오지 말라고 한 모양이죠. 덕분에 국회법 개정(대통령령에 대한 국회의 태클 권한 강화)에 대해 박근혜 대통령이 거부권 폭탄을 던져놓고 미국에 가 있으려던 계획이 어그러졌다고도 합니다.

삼합일체 황 총리

2015년 6월 12일

#황교안_총리_지명

#임명동의안_통과

굽시니스트의 못다 한 이야기

국가보안법의 살아 있는 현신이라 불린 공안 검사, 삼성 X파일을 덮고 오히려 신고자들을 기소한 검사, 월급 1억 원이라는 전관예우의 기준점을 제시한 변호사, 국정원을 위해 검찰 조직을 쑥대밭으로 만들어준 법무장관, 아프간에 더욱 공격적인 선교단을 파견해야 한다는 독실한 크리스천, 병역 면제자, 수준급의 색소폰 연주자, 가발 착용자.
이 다채로운 캐릭터의 남자가 결국 총리가 되었습니다.
총리로서의 활동을 지켜보니, 의전 중독자라는 캐릭터성도 발견되었습니다.
2017년 4월, 지금은 대통령 권한대행을 맡고 계십니다.

누나 대혁명

2015년 7월 10일

#새누리당_당내_정풍운동

#유승민_숙청

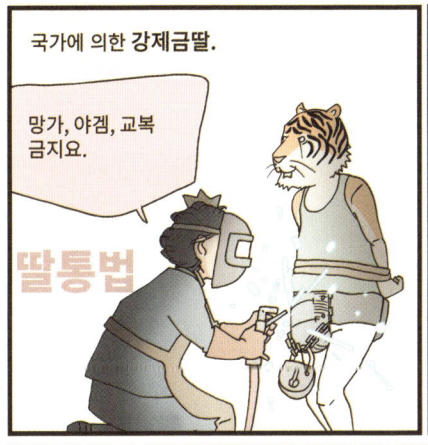

굽시니스트의 못다 한 이야기

새누리당의 유승민 원내대표는 결국 야당과의 협의를 통해 국회법 개정안을 통과시킵니다.
이에 대해 박근혜 대통령은 거부권 발동을 통해 노여움을 표하지요.
그리고 끝내 박근혜 대통령께서 내리신 지엄한 한 마디. "배신의 정치를 심판하라."
이 한마디에 당내 친박들이 벌떼같이 일어나 유승민을 공격하기 시작, 결국 유승민은 원내대표직에서 물러나게 됩니다. 대한민국 헌법 1조 1항 '대한민국은 민주공화국이다'를 되뇌면서 말이지요.
유승민이 한때 박근혜의 비서실장으로 친박의 좌장이었음을 떠올리며, 새삼 정치판의 비정함에 한숨을 때립니다.
이 정풍운동 과정에서 김무성 대표는 박근혜 대통령에게 언제나 수그리는 모양새를 보여 사람들에게 '무대가 아니라 무쫄이다'라는 비웃음을 사게 됩니다.
사회에서는 기독교계를 중심으로 동성애 반대 운동이 격하게 일어나고, 음란물에 대한 규제가 강화되며 여러모로 보수 복고적인 풍토가 넘실대는 2015년 여름이었습니다.

5.16.3의 비밀

2015년 7월 17일

#국정원_해킹_프로그램

#5163_부대

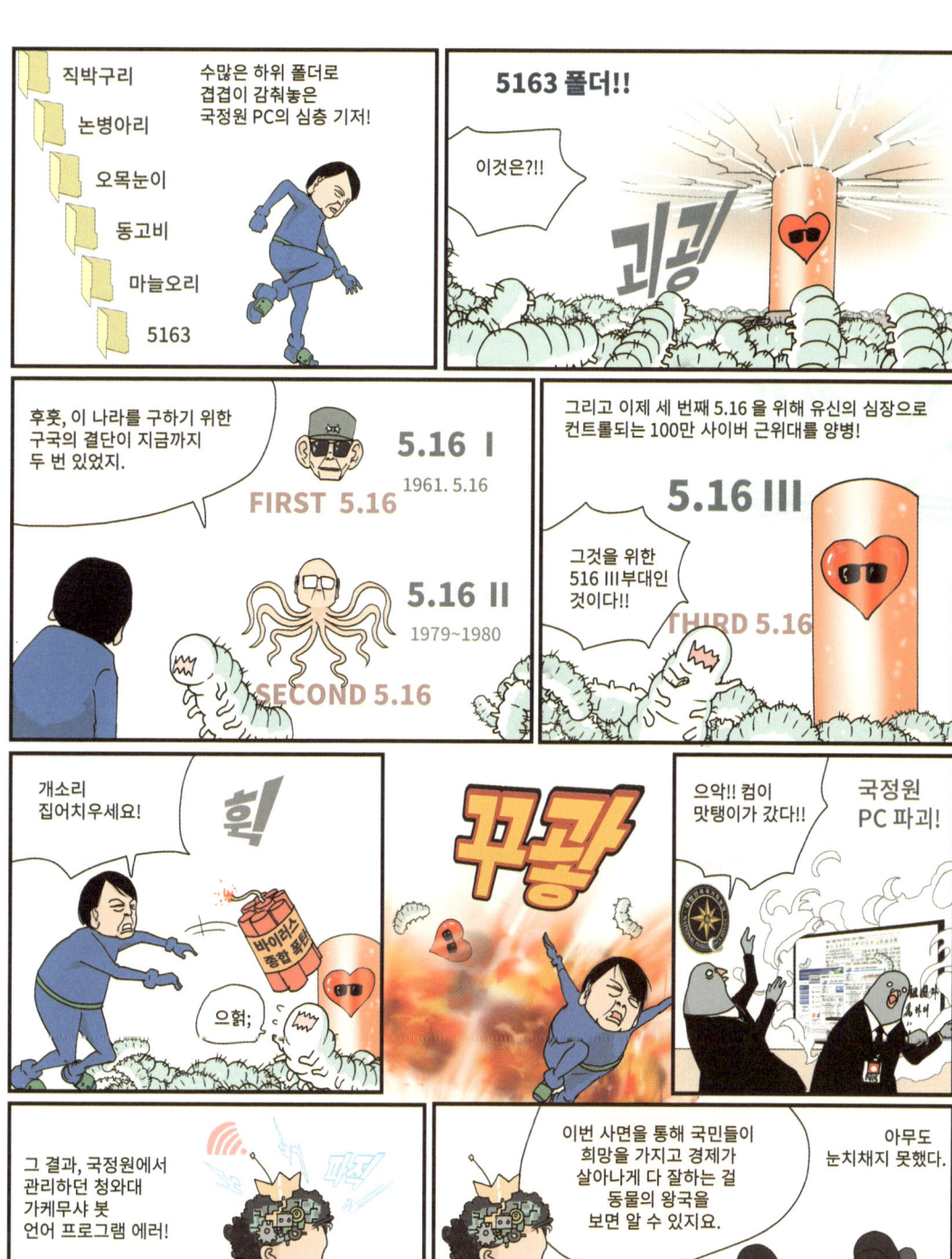

굽시니스트의 못다 한 이야기

이탈리아의 해킹 회사 정보가 공개되면서, 이 회사에서 해킹 프로그램을 구매한 고객 중에 한국의 '5163부대'가 있다는 사실이 알려졌습니다. '5163부대'는 바로 국정원이 즐겨 사용하는 닉네임이었습니다.

그 해킹 프로그램을 통해 스마트폰 통화 내용이나 메신저 대화 기록, 사진 파일 등 모든 걸 다 털어낼 수 있다고 합니다. 심지어 폰카를 원격으로 켜서 영상으로 훔쳐보는 것까지 가능하더군요. 이에 야당은 대체 저걸로 누구를 도청하고 털려고 한 건지 밝힌다는 취지에서 진상조사위원회를 구성하고, 그 위원장은 물론 당연히 대한민국 국회 역사상 최고의 IT 전문가인 안철수가 맡게 됩니다.

하지만 진상이 다 밝혀지기도 전에, 그 해킹 프로그램 관련 업무를 주관했던 국정원 직원이 자살합니다.

이로써 자살한 직원이 모든 걸 뒤집어쓴 채 국정원 해킹 프로그램 의혹은 유야무야 덮이게 됩니다. 어떤 지시도 없이 그 직원 개인이 그냥 혼자 십 몇억 원을 써서 프로그램 구매하고 실험해보고 한 개인적 일탈이라는 거지요.

이건 참 뭐랄까, 타락한 조직이 한 개인에게 모든 걸 덮어씌우고 그 개인의 자살로 문제를 덮는다는 건 너무 닳아빠진 클리셰 아닙니까. 이에 사람들은 자살한 국정원 직원이 자살한 게 아니고 자살 '당'한 거라고 수군댔지요. 자살한 직원이 발견된 빨간색 마티즈는 이후 국정원의 자살 배달 차량으로 사람들에게 두려움의 대상이 됩니다.

근사이드 아웃

2015년 8월 6일

#박근령_망언
#임시_공휴일

굽시니스트의 못다 한 이야기

자비로운 박근혜 대통령께서 2015년 광복절 전날을 임시 공휴일로 지정해주셔서 하루 더 놀게 되었습니다. 물론 집에서 뒹굴거리는 만화가에게는 해당 사항 없는 얘기지만.
이 무렵 박근혜의 동생 박근령이 일본 동영상 사이트 〈니코니코 동화〉에 출연해 인터뷰를 했습니다. 한국의 위안부 사과 요구는 부당한 것이라며, 자신이 국민 일반 정서와 언니의 속마음을 대변하고 있다고 주장했지요.
메르스 사태 등으로 30%대까지 폭락했던 지지율 때문에 광복절 이브 임시 공휴일 카드까지 내놨던 박근혜 대통령 입장에서는 참으로 도움 안 되는 동생이었겠지 싶습니다. 물론 거의 의절한 자매지간이라고 하니, 동생이 언니를 도와줄 마음도 별로 없었겠지만서도 말입니다.
그런데 지금 와서 돌이켜보면, 저런 동생일지언정 차라리 동생을 가까이 두는 게 낫지 않았을까 싶은 생각도 드는군요. 대통령의 머릿속을 지배해온 불길한 존재가 드러났으니 말입니다.

2차 한국전쟁

2015년 8월 14일

#북한_군사_도발

#목함지뢰_매설_사건

#서부전선_포격_사건

덕의마을 무장공비 침투 사건 66.5.17
강릉 고단지구 무장공비 침투 사건 67.5.21
울진-삼척 무장공비 침투 사건 68.11.2

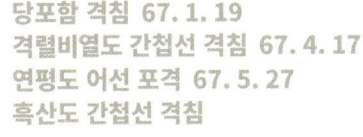

당포함 격침 67. 1. 19
격렬비열도 간첩선 격침 67. 4. 17
연평도 어선 포격 67. 5. 27
흑산도 간첩선 격침

일련의 무장공비 침투와 해상 도발.

푸에블로호 피랍 68. 1. 23

굽시니스트의 못다 한 이야기

2015년 8월 4일, 목함지뢰 매설 사건이 발생합니다. 북한 군인들의 잔인한 수법으로 우리 군인 두 명이 심각한 부상을 입어 다리를 절단해야 했습니다.

사람 다니는 문 앞에 덫을 놓고, 누군가 거기에 걸려들어 다리가 잘리기를 기대하며 기다렸을 북한 군인들을 생각하면, 사악한 체제는 사람까지도 사악하게 물들이는가 보다 싶습니다. 그 잔인한 덫의 발상과 실행에서 느껴지는 악의와 적의는, 북한군 병사들의 마인드에 대해 우리가 상당히 안이하게 생각하고 있는 건 아닌가 돌아보게 만듭니다.

저 비무장 지대(DMZ)가 그런 적의로 가득 찬 전쟁의 땅이라는 걸 많은 이들이 잊고 지냈습니다.

이후 우리 측에서 대북 확성기 방송을 재개하자 북한군은 드디어 남쪽으로 포를 쐈고, 이에 대한 우리 군의 대응사격이 이어집니다. 화력 대응이 전개되고 전투기가 뜨고 인근 지역 주민 대피가 시작됩니다. 위기가 최고조에 달합니다.

곧 판문점에서 남북 고위급 회담이 시작되고, 8월 25일 합의문이 도출됨으로써 위기가 일단락됩니다.

안보 위기 상황과, 위기를 넘긴 8·25 합의를 통해 박근혜 대통령의 지지율은 세월호 이후 처음으로 50%대를 회복합니다.

하지만 다리를 잃은 두 군인에 대한 국방부의 치료비 지원이 30일을 넘겨 중단되었다는 소식 때문에 군은 다시 여론의 뭇매를 맞게 됩니다. 장성들을 위한 넘치는 혜택, '생계형' 방산 비리와 비교되는, 상이군인에 대한 짜디짠 처우는 군에 대한 비판 여론을 지속적으로 불러일으켰지요. 이러한 풍경은 박근혜 정부의 거시 안보 정책에도 악영향을 끼치게 됩니다.

전승절 근데렐라

2015년 8월 28일

#중국_전승절

#박근혜_참석

#한중_밀월

굽시니스트의 못다 한 이야기

냉전 이래 서방과 동방의 구분과 대립은 오늘날까지 이어져 내려오고 있습니다. 오늘날의 동방은 러시아와 중국을 중심으로 한 반민주·권위주의 정권들의 반미 블럭이라 할 수 있겠지요.

그런 동방 클럽 독재자들의 잔치인 중국 전승절 기념식에 박근혜 대통령이 참석한 건, 뭐랄까, 음, 확실히 모양새가 좋은 그림은 아니었지요. 그래도 그 당시에는 외교적으로 보기 드문 큰 수에, 중국 내 친한 여론을 조성할 수 있다는 기대 등등으로 나름 평가할 만한 행보였다는 의견도 있었지요.

하지만 지금 와서 돌아보면, 그게 다 뭔 뻘짓이었나 싶지요. 중국과 친한 척을 해서 중국이 북한을 압박해 핵을 토해내게 만든다는 건 대충 고려해볼 만한 전략이지요. 그런데 그런 전략을 취했다가, 중국이 기대했던 만큼 북한을 압박해주지 않는다고 여겨 1년도 안 되어 바로 전격적인 사드 배치 결정으로 휙 건너가버린 건, 앞선 전략을 완전히 무용지물로 만들어버리는 성급한 태도 아니겠습니까. 그리하여 저 쪼잔한 대륙 대국은 바로 사드 보복을 때려버리고. 실로 갈팡질팡이라는 표현이 딱 들어맞는 외교 행보가 아닐 수 없습니다.

지금 와서 돌이켜보면 이런 갈지자 외교 행보에서도 역시 최순실의 손길을 발견하게 됩니다. 박근혜 임기 마지막 해에 북한과의 전쟁을 통해 통일대박을 이루고 통일 대통령으로서 다시 임기를 이어나간다는 신비주의적 망상을 위해서는, 중국에 대한 장기적인 접근 같은 건 별로 중요한 게 아니었겠지요.

광복절과 건국절

2015년 9월 4일

#박근혜_건국절

#통일_당위

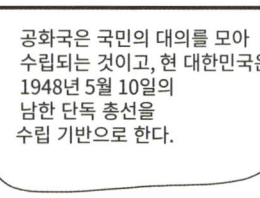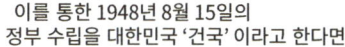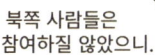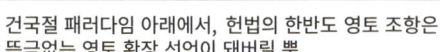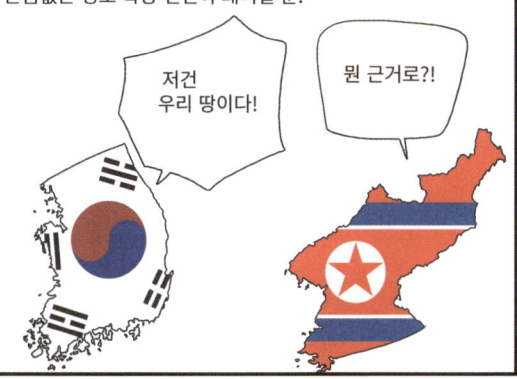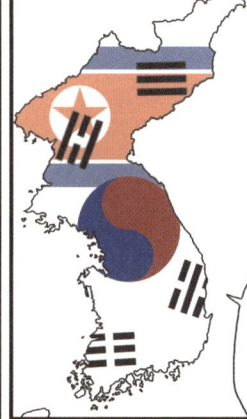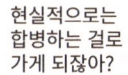

굽시니스트의 못다 한 이야기

박근혜 대통령이 광복절 경축사에서 '71주년 광복절이자 건국 68주년'이라는 워딩과 '건국'이라는 표현을 몇 차례 더 사용하면서 다시 건국절 논란이 불거져 나왔습니다.
뭐 사실 광복이든 건국이든 뭐 그리 중요한 문제인가 싶기도 하지만, 뉴라이트 진영이 건국절에 그리 집착하는 걸 보면 저 양반들이 좋아하는 용어는 쓰면 안 되겠다는 느낌이 강하게 드는군요.
이승만적 국가 이념의 적통을 이어받은 자신들이 이 나라의 진정한 중심이라는 아집을 공식화하고 영원히 달력에 새기고자 하는 바람이 건국절일 것인데, 그 숙원을 이루지 못해 애태우는 모습이 보기 좋습니다.

헬조선 입증

2015년 9월 17일

#노동_개혁

#부익부_빈익빈

2015년 9월, 폭풍이 밀려온다!

굽시니스트의 못다 한 이야기

2015년 9월 13일, 노사정위원회의 합의를 통해 박근혜표 노동개혁이 입법에 들어가게 되었습니다…만
비정규직 확대와 임금 피크제를 통한 임금 삭감, 쉬운 해고 등으로 꽤 큰 저항에 부딪혔고, 결국 19대 국회에서 통과되지 못하고 맙니다. 여소야대가 된 20대 국회에서도 당연히 논의 대상이 되지 못했죠. 탄핵 이후 지금 시점에 와서는 뭐, 여의도 어딘가의 쓰레기통에 처박혀 있겠지요.
음모론적 시각에 따라서는, 최순실이 재벌들 돈을 걷은 다음에, 삐지지 말라고 보상으로 내놓은 게 저 노동개혁 법안이라는 설도 있습니다.

올바른 복음
2015년 10월 16일

#역사_교과서_국정화

#역사_유신

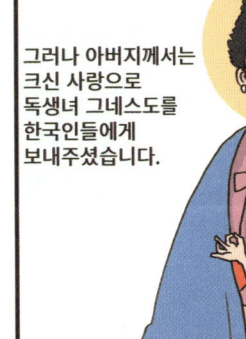

굽시니스트의 못다 한 이야기

박정희의 딸이 박정희의 신전을 재건하겠다는 건 당연히 예상할 만한 일이었습니다.
뉴라이트 사관의 신봉자들이 박근혜 임기 내에 숙원을 풀고자 총력을 기울이리란 것도 당연히 예상할 만한 일이었습니다.
하지만 역사 교과서를 국정화하여, 정부가 역사를 독점하는 방식을 취하리라고는 미처 예상하지 못했습니다.
이승만과 박정희가 결국 박정희의 딸을 통해 화해하고 함께 헬븐조선의 두 국부로 모셔지리라고는, 물론 이승만도 박정희도 전혀 예상하지 못했겠지요.
박근혜 대통령의 국민 분열의 정치는 결국 역사라고 하는 민감한 영역에까지 그 전선을 확대하게 됩니다.
좌빨들의 자학사관을 배척하고 긍정사관을 보급하겠다는데, 이게 아주 정확하게 일본 우익의 용어를 그대로 따온 거라 더욱 구리게 느껴지지요.

박단고기

2015년 10월 30일

#국정_역사_교과서

굽시니스트의 못다 한 이야기

제가 나름 역사교육학과를 나오고, 한때 역사 선생을 꿈꾸기도 한 과거가 있는 사람입니다만, 역사 교육이 이슈의 중심이었던 저 시기에 딱히 인상 깊은 뭔가를 남기지 못해 아쉬움이 있습니다. 아마 역사교육학 전공자들이 저때만큼 화제의 중심에 서는 시국은 앞으로 다시 올 일 없겠지요.

나 자신의 기억이 자아 정체성을 규정합니다. 마찬가지로 한 국가가 기억하는 자국사가 그 국가의 정체성을 규정하겠지요. 이승만박정희즘의 계승자들은 자신들의 기억을 이 나라의 기억으로 삼고, 결국 자신들의 정체성을 이 나라의 정체성으로 규정하고자 했습니다. 이러저러한 우여곡절 끝에 그러한 시도가 좌절된 것은 여러모로 다행스러운 일입니다.

개인적으로는, 그러한 자기 확장과 동일시에 의한 국가관, 역사관은 어떤 종류의 것이든 간에 지양해야 한다고 생각합니다. 앞으로의 역사 교육은 좀 더 개인들의 세계 미학에 초점을 맞추는 쪽으로 발전해 가겠지요.

See. We
2015년 11월 20일

#1차_민중총궐기
#과격_과잉_과정

굽시니스트의 못다 한 이야기

2015년 11월 14일 민중총궐기 집회가 열렸습니다. 노동개악 반대와 재벌 규제, 세월호 진상 규명, 국정 교과서 반대, 국정원 해체, 사드 반대, 민영화 반대, 쌀 가격 보장 등등 매우 많은 내용을 가지고 매우 많은 단체가 연대해서 시위에 나선 것이지요.

이 집회는 과격 시위와 과잉 진압에 대한 많은 논란거리를 남겼습니다.

과격 시위에 대한 여론의 부정적 반응은 민중총궐기 이후의 시위들에 영향을 끼쳤으며, 한 농민의 목숨을 앗아간 과잉 진압은 이후 물대포를 퇴출시키는 등 시위 관리에 좀 더 신중하게 대처하도록 만들었습니다.

촛불시위를 겪은 이후, 지금 와서 생각해보면 결국 시위도 대세에 따라 양상이 달라진다는 걸 알겠습니다.

대세가 이쪽이라면 그저 그 대세를 보여주기만 하는 것으로도 충분하겠지요. 그리고 그렇게 촛불시위는 성공했습니다.

하지만 대세를 등에 업지 못한 이들의 요구에 대해 이 나라가 그것을 없는 것처럼 무시하고 지나가지 못하게 할 방도가 없다면, 국가 성립의 태초 창세기로 돌아가 그 레벨에서 논하는 수밖에 없겠지요. 마음에 들든 들지 않든 그렇게 튀어나온 요철은 그냥 거기 존재하는 것입니다.

현대 국가 시스템은 그 모든 것을 완벽하게 제도화하고 대의할 수 있는 레벨에 이르지 못했습니다. 우리는 기나긴 진화 과정의 초엽에서 빨빨거리며 조금씩 전진하고 있을 뿐입니다.

adeus YS

2015년 11월 27일

#김영삼_R.I.P

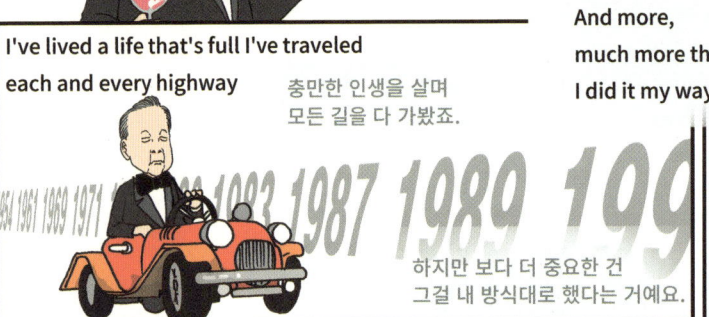

굽시니스트의 못다 한 이야기

2015년 11월 22일, 김영삼 전 대통령이 세상을 떠납니다. 향년 87세.
그 공적, 삶의 공과에 대한 평가가 갈리는 인물이었지요. 그 모든 논란을 뒤로하고, 거목이 쓰러진 자리에는 역사의 큰 여백이 파여 덩그러니 남았습니다. 사람과 시대에 대한 상념들이 그 자리를 채우고 그 위로 새로운 역사의 수레바퀴가 굴러갈 길을 준비합니다.
박근혜 집권에 책임이 없다고 할 수는 없는 YS가 1년 후의 그 파국을 보지 않고 먼저 눈을 감은 건 다행이라 할 수도 있겠지요.

시사워즈-깨어난 보수

2015년 12월 25일

#새정치민주연합_분열

#반문_탈당

#안철수_탈당

굽시니스트의 못다 한 이야기

2015년 12월, 박근혜 대통령이 국회에 노동개혁 법안 직권 상정을 강요하고, 정의화 의장은 여야 합의를 필요로 하는 절차를 들어 이를 받아들이지 않는 심상찮은 정국. 이 와중에 오랜 내분을 거듭해온 새정련의 균열은 드디어 파국을 맞이합니다.

천정배가 뛰쳐나간 이래, 안철수를 중심으로 당내에서 계속 문재인 지도부와 마찰을 빚던 반문계는, 문재인의 혁신전당대회 거부를 빌미로 당을 이탈하기 시작했습니다.

12월 13일, 안철수의 탈당으로 절정을 맞이한 탈당 러시는 결국 호남 지역을 중심으로 한 큼지막한 계파가 뭉텅이로 새정련을 이탈하여 국민의당을 창당하는 것으로 마무리됩니다.

분란 세력이 대충 당을 다 떠난 후, 문재인은 새정련의 당명을 '더불어민주당'으로 개명합니다. 이 과정에서 당명이 '민주소나무당'으로 바뀔 뻔한 순간도 있었으니, 참으로 지금 생각해도 엉치뼈가 말려 올라오는 느낌입니다.

이후 문재인은 온라인 당원 모집 흥행과 인재영입위원회의 인재 영입 작업 성공으로 위기를 극복하고 당을 추스른 후 김종인 비대위원장 체제로 연결하여 2016년의 성공을 이끌어내게 됩니다.

안철수 또한 만만찮기로 소문난 호남 중진들과 지방 세력을 능수능란하게 주무르며 국민의당을 출범시키고 총선을 주관하여 2016년의 승리를 향해 나아갑니다.

하지만 이 당시만 하더라도 총선을 앞둔 야권 분열을 두고, 이쪽에서는 비관적 분위기가 팽배했었습니다. 패배는 예상되어 있다고 다들 절망회로를 돌리고 있었지요. 만화에도 그런 느낌이 담겨 있습니다.

이 무렵 스타워즈 에피소드 7 〈깨어난 포스〉가 개봉했기에 스타워즈를 만화의 패러디 소재로 가져왔습니다.

우리 편 개객기 전략

2016년 2월 12일

#개성공단_폐쇄

#김정은_생존_전략

#신냉전

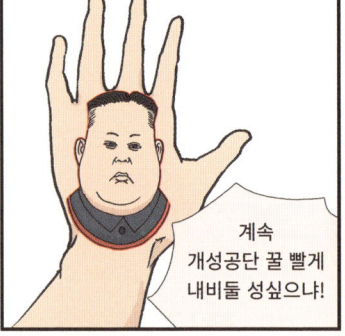

굽시니스트의 못다 한 이야기

2016년 2월, 우리 측에서 개성공단 폐쇄를 발표합니다.
이는 대륙간 탄도탄에 근접한 북한의 광명성 미사일 발사에 대해 우리 측에서 내놓을 수 있는 가장 강력한 제재 카드였지요. 개성공단을 통해 평양이 챙기는 돈의 액수가 적지 않았으니 말입니다. 하지만 동시에 우리 쪽에서도 1조 원에 가까운 피해액이 계산될 만큼 비용이 적지 않은 수였습니다. 대북제재 국제 공조 측면에서, 우리 측이 개성공단을 계속 굴리는 건 모양새가 맞지 않다는 것이 주된 이유였지요.
신냉전이라는 느낌이 들 정도의 진영 대립 구도 모양새를 갖춰가는 동북아 정세에서, 개성공단 폐쇄라는 수는 박근혜 정부의 성향상 예고된 수순이기도 했거니와 이미 2013년에 북한이 먼저 개성공단 폐쇄에 나서기도 했었으니, 개성공단 폐쇄 그 자체로 어떤 변화나 위기를 뜻하는 것은 아니었습니다. 단지 흐름의 확인이었을 뿐이랄까요. 햇볕정책의 공식적인 실패와 종막을 선언하기 위한 조치였을 수도 있겠지요.
그 과정에서 막대한 손실을 입은 입주 기업들만이 피해자로 남았습니다.
언젠가 이 모든 위기와 대립이 지나가고 평화와 번영이 소나무의 도읍에 깃들 날도 오겠지 말입니다.

법을 후벼라! 필리버스터

2016년 2월 26일

#테러방지법

#필리버스터

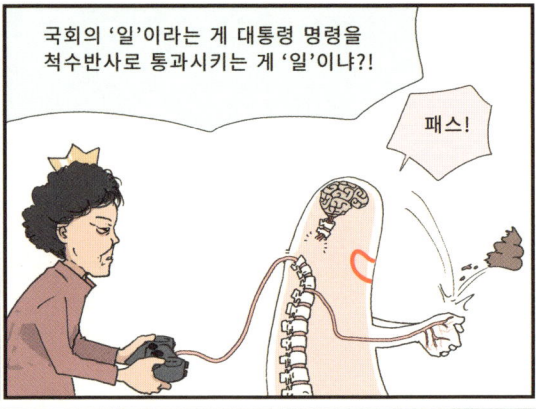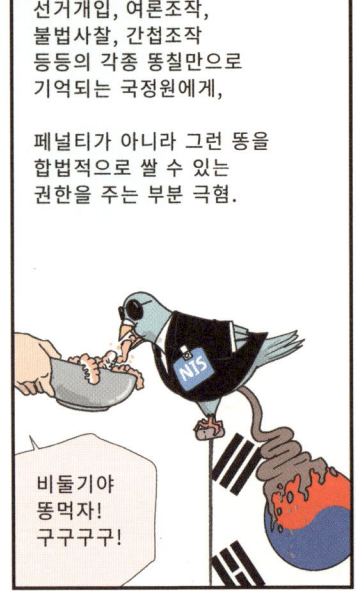

굽시니스트의 못다 한 이야기

박근혜 정부의 테러방지법은 테러 관리에 대한 여러가지 개념상의 논란점 외에도, 그 권한을 국정원에 부여하는 것이 꽤 문제가 되었습니다. 여론 조작과 간첩 조작, 민간인 사찰 의혹을 뿌리고 다니는 기관에 테러 단체와 행위 규정 권한을 넘겨준다는 게 좀 많이 거시기하지 않습니까. 그래서 테러방지법의 형태를 놓고 여당안과 야당안에 이견이 존재했습니다.

이런저런 논란 끝에 박근혜 대통령은 정의화 국회의장을 압박해 테러방지법을 직권 상정토록 했고, 이에 야당은 합법적 의사진행 방해 행위, 즉 필리버스터로 맞섭니다. 공식적으로는 무제한 토론이라고 하지요.

38명의 야당 의원들이 192시간을 이어간 테러방지법 필리버스터는 그 긴 시간만큼 많은 화젯거리를 낳았습니다. 국회TV가 필리버스터를 올타임 생중계하여 그 시청률과 관심도가 공전의 히트를 기록했습니다. 의원들의 다리 힘 관리 비법과 화장실 대처 비법이 세간의 화제가 되었습니다. SNS를 통한 국민 의견 인용으로 온 인터넷이 들썩였고, 의원들이 인용한 책들은 필리버스터 관련 베스트셀러가 되었습니다. 각종 특색 있는 연설 내용과 준비로 많은 필리버스터 스타 의원들이 탄생했습니다. 수많은 국민들이 인터넷 생중계를 통해 국회와 함께 날밤을 새웠습니다.

뭐, 현실적으로는 회기 종료와 함께 필리버스터도 종료되고, 바로 임시국회가 열리면 테러방지법은 자동으로 통과될 수밖에 없었습니다. 즉 필리버스터로는 어차피 테러방지법을 막을 수 없었던 것이지요. 더구나 필리버스터를 마무리짓고 선거구 확정 문제를 매듭짓지 않으면 총선도 치르지 못하게 된다는 사정이 있었지요. 그 때문에 필리버스터는 아쉽게 마무리되었고, 테러방지법은 결국 통과되었습니다.

하지만 이 거대한 민주주의 콘서트의 흥행은 의회민주정에 대한 국민들의 관심을 환기시킴으로써 이어지는 4월 총선에서 야당이 승리하는 밑거름이 되었습니다.

따지고 보면 그러한 승리를 바탕으로 박근혜를 탄핵할 수 있었고, 정권교체까지 앞두게 되었지요. 새 정권은 국정원에 대한 대대적인 수술을 계획하고 있으니, 결국 국정원에 의한 테러방지법의 오염을 막고자 했던 필리버스터는 그 뜻을 이뤘다고 볼 수 있겠습니다.

이 무렵 문재인이 민주당 비대위원장으로 모셔온 김종인은 총선에 나서려는 민주당 의원들에 대한 무시무시한 공천 컷오프를 통해 많은 현역 의원들을 잘랐습니다. 그중에는 필리버스터에 나섰던 의원들도 포함되어 있어 아쉬움이 컸지요.

Call of the Queen

2016년 3월 11일

#새누리당_내분

#김무성_윤상현

#이한구_유승민

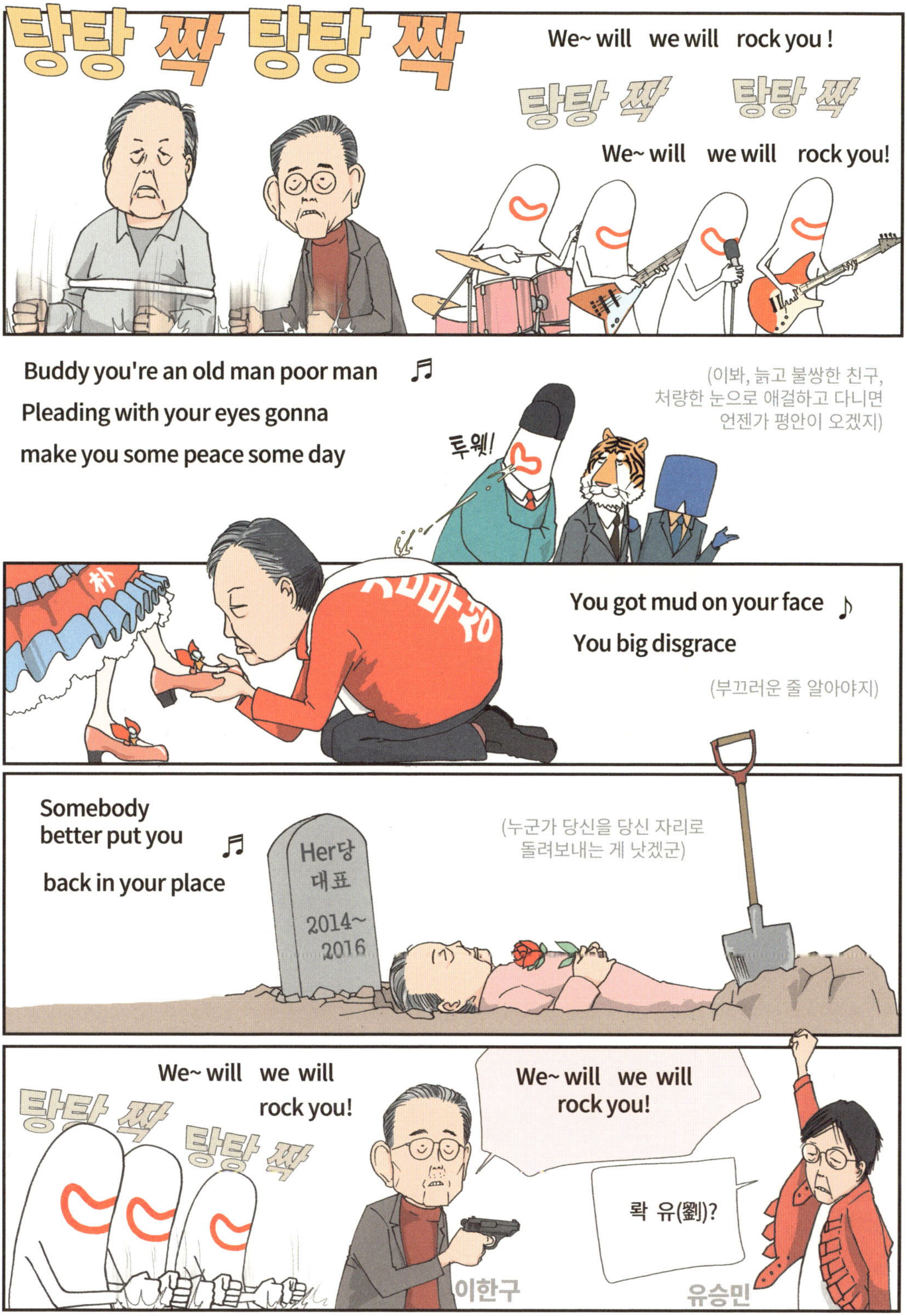

굽시니스트의 못다 한 이야기

새누리당 친박 중에서도 박근혜 대통령을 누님이라고 부를 정도의 진박 윤상현의 막말이 화제가 되었습니다. '김무성 죽여버려 이XX'라는 말까지 듣고도, 아무것도 못 하고 대통령 눈치만 보는 김무성 대표를 두고 사람들은 '무쫄'이라며 비웃었습니다. 총선 공천에서 이한구 공천위원장의 컷오프 칼날에 계파 의원들이 학살당하지 않기만을 빌며 납작 엎드려 있었습니다.

물론 강자에게 고개를 숙이고 잠시 굴신하는 것도 정치 병법의 한 보신책입니다. 하지만 전국 정치인으로서의 이미지를 챙겨야 하는 레벨에 이르렀다면, 자신이 가진 이미지의 강점과 대중의 평판도 신경 써야 하는 법 아니겠습니까.

본래 김무성의 이미지적 강점은 그 풍채에서 나오는 거물스러움과, 태도에서 풍기는 보스 기질이었지요. 하지만 이런 일련의 사태를 거치면서 김무성의 이미지는 덩치에 어울리지 않는 쫄보로 쪼그라들고 맙니다.

갈등이 격화되며, 김무성은 당 대표 직인을 들고 부산으로 도망가는 일명 '옥새 파동'을 일으키지만 이 또한 더 큰 비웃음의 대상이 될 뿐이었습니다.

이에 비해 친박에 의한 비박 공천 학살에 정면으로 맞서며 반기를 든 유승민은 유약한 학자 이미지에서, 강단 있는 통뼈 이미지로 업그레이드되지요.

만화에 사용된 노래는 그룹 퀸(Queen)의 〈위 윌 락 유(We Will Rock You)〉입니다. 탕탕-짝 -하는 그 박자가 시국에 꽤 어울리는 면이 있었달까요.

네 탓이오. 단일화

2016년 4월 1일

#총선_전야

#야당_단일화_불발

#불안감

굽시니스트의 못다 한 이야기

20대 총선을 앞두고 이쪽 진영의 많은 정치평론가들은 비관에 휩싸여 있었습니다.
1년 전 재보선에서 압승한 새누리당이 이번 선거에서 질 요소는 별로 없어 보였습니다.
경제가 좀 별로긴 하지만, 국민들은 여전히 새누리당을 지지하고 있었습니다. 김무성이 옥새를 들고 도망가는 등 친박과 비박 간의 당내 분쟁이 불거졌지만 그게 딱히 큰 감점 요소인 것 같지도 않았습니다. 이러니저러니 해도 선거의 여왕 박근혜 대통령이 건재한 상태였고 친박·진박이라는 박근혜의 사도들은 그 위세를 업고 기세가 등등했습니다.
무엇보다도 야당이 크게 분열되었다는 것이 가장 비관적인 요인이었습니다. 한 정당에서 힘을 합쳐 싸워도 이길까 말까 한 싸움인데, 민주당에서 국민의당이 큼지막하게 떨어져 나갔습니다. 그것도 호남이라는 핵심 지역을 들고 말이지요. 그리 떨어져 나간 안철수는 절대 단일화에 나서지 않는다고 못 박았고, 민주당의 김종인 비대위원장 역시 단일화에 대해 경멸 어린 시선을 보낼 뿐이었습니다.
저 역시 그런 비관적인 예측에서 벗어나지 못하고 있었습니다.
그렇기 때문에 민주당과 정의당의 단일화에 실패한 고양 갑에서 망할 결과가 나오리라 그린 것이지요.
하지만 국민의 선택은 평론가들의 비관보다 현명했고, 국민의 멘탈은 평론가들의 남 탓보다 어른스러웠습니다.
만화는 그때 개봉한 영화 〈슈퍼맨 대 배트맨〉의 내용을 패러디했습니다. 엄마 이름이 같아서 화해하는 히어로들이 있다면, 아내 이름이 같아서 힘을 합칠 수 있는 정치인들도 있겠지요.

朴Bang
2016년 4월 15일

#20대_총선

#대반전

#붕괴의_시작

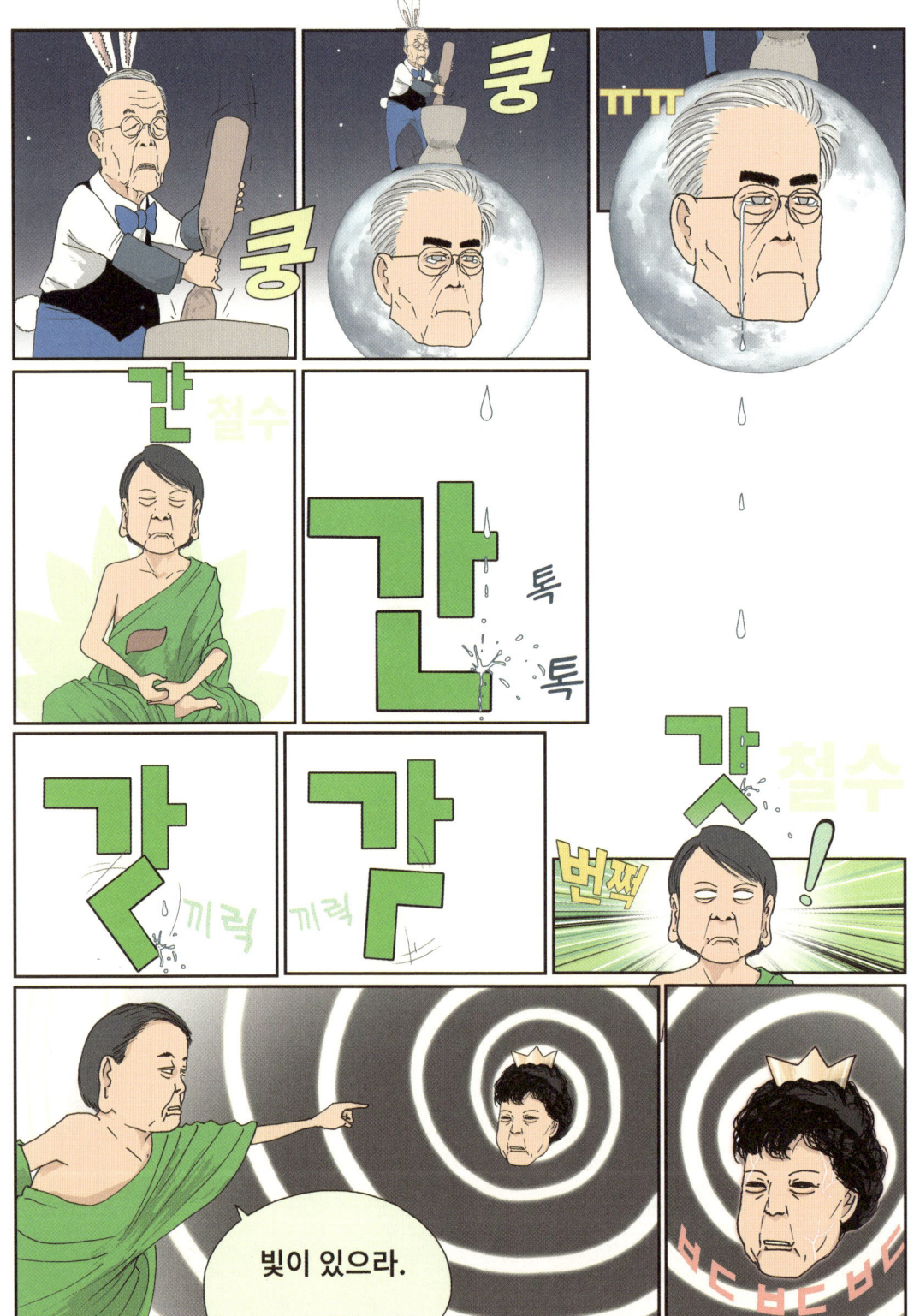

굽시니스트의 못다 한 이야기

언제부터인가 서브컬처 스토리텔링에서 반전은 필수 조미료가 되었습니다.
사람들은 이야기 전개가 독자의 예측을 뛰어넘어주길 바라면서 반전이 주는 자극에 중독되어왔습니다. 그러다 보니 한편으로는 반전의 에스컬레이팅으로, 반전 스토리가 주는 자극에 대한 역치값도 계속 높아져왔습니다. 저 먼 옛날 "I'm your father"나 〈식스센스〉의 충격을 다시 경험하기는 힘들겠지요.
반전에 대한 눈높이도 높아져서, 세심한 복선과 개연성, 신선함, 내적 완결성, 이야기 자체의 우수함에 대한 독자들의 평가 기준이 꽤나 빡센 세상입니다.
이처럼 스토리텔링에서의 반전 스토리가 작가와 독자 간의 빡세디빡센 소모전이 된지라, 반전 스토리의 자극을 순수하게 즐기고 반응하기 힘들어졌지요.
그렇게 메타 게임의 회색 콘크리트 죽에 침전해버린 창작물 반전 담론에 비해, 현실에서의 반전 스토리는 여전히 신선한 충격과 짜릿한 자극으로 남아 있습니다.
현실은 현실이기 때문에 현실인데, 이 현실에서 현실 같지 않은 반전 스토리를 만나게 된다면, 그 반전의 충격과 자극은 온전한 100%입니다. 눈앞에 펼쳐진 이 반전은 현실이니까 그 현실을 현실로 성립시키기 위한 개연성이나 내적 완결성, 복선, 작가의 의도, 클리셰 같은 것들을 일절 신경 쓰지 않아도 됩니다. 반전이 발생한 그 현실 세상에 내가 속해 있습니다. 그 반전이 불러온 결과 속에서 계속 살아가게 됩니다. 이 세상과 삶은 진짜입니다.
2016년 4월 13일, 20대 총선은 실제로 벌어진 일이고, 우리는 지금도 그 결과 속에서 살아가고 있습니다.

End Of G-nesis

2016년 4월 22일

#새누리당_총선_참패

#멘탈_붕괴

#원유철_원내대표_체제

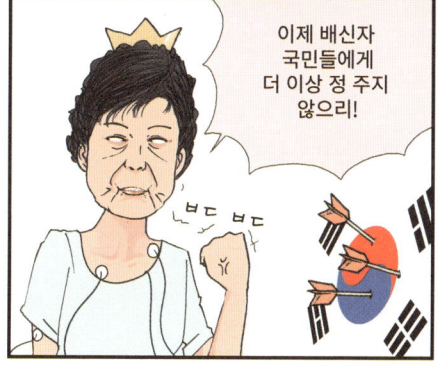

굽시니스트의 못다 한 이야기

2016년 4월 13일, 20대 총선에서 새누리당은 모든 예측을 뛰어넘은 참패를 당합니다.
민주당이 123석으로 1당을 차지했고, 새누리당이 122석, 국민의당이 38석을 차지합니다.
민주당과 국민의당이 갈라져 단일화가 이루어지지 않았음에도 불구하고, 국민들은 될 놈을 찍어주다는 투표 단일화로 수많은 승리를 만들어줬습니다.
국민의당이 갈라져 나가 야권 표가 갈리리라는 예상이 다수였지만, 놀랍게도 국민의당은 '새누리당은 싫지만 민주당을 찍기도 싫다'라는 설정상으로만 존재하던 유권자층을 끌어내어 야권의 파이를 확장시키는 데 성공했습니다. 심지어 비례대표 득표에서는 민주당을 앞서기까지 했지요.
민주당은 문재인이 이끈 인재 영입의 성공적인 흥행과 김종인 체제의 과단성을 통해 국민들에게 새로운 가능성을 제시할 수 있었습니다. 그 때문에 호남을 잃었지만 수도권과 충청, 영남 진출을 통해 전국 정당으로 그 면모를 일신할 수 있었습니다.
직전의 필리버스터 정국을 통해 국민들에게 의회민주주의의 가치를 역설하고, 야당의 존재를 선명하게 각인시킨 것도 승리의 큰 요인이었습니다.
이에 반해 새누리당은 진박의 안하무인격인 태도와 비박 공천학살로 콩가루 집안 싸움 이미지를 가져갔습니다. 친박이 내세운 거물 후보들은 주요 접전지역에서 줄줄이 패했습니다.
무엇보다도 결국 나라 돌아가는 꼬라지가 아주 명확한 복선이었습니다. 정권 3년차의 낙제에 가까운 경제 성적표를 들고 총선에서 승리하기란 선거의 여왕이 아니라 그 아버지가 살아온대도 불가능한 일이었던 것이지요.
평단의 눈은 어둡기 짝이 없었지만, 국민의 눈은 정론을 향해 밝게 뜨여 있었으니 정권심판은 이미 정해졌던 것입니다.
선거 결과에 충격을 받아서인지, 아무 생각이 없어서인지, 박근혜는 한동안 별다른 발표를 하지 않았습니다. 당지도부가 사실상 와해된 상태에서 원유철 원내대표가 비대위원장을 맡아 수습에 나섰습니다. 당은 선거에서 졌지만 친박은 공천 독점으로 다수 의원을 확보, 당내 주류를 점할 수 있었습니다. 그 때문에 책임논쟁에도 불구하고 친박은 당의 주도권을 쥘 수 있었고 이로 인해 새누리당은 패배를 반성하고 책임지는 혁신의 길이 아니라, 박근혜 대통령의 당 친정체제 구축이라는 더 한심한 길을 걷게 됩니다.
만화는 에반게리온 구극장판 〈End Of Evangelion〉의 첫 장면을 인용했습니다.

일패는 상가지상사

2016년 4월 28일

#해운_조선_붕괴

#한진해운

#대우조선

굽시니스트의 못다 한 이야기

사실상 섬나라나 다름없는 우리나라가 무역으로 먹고살기 위해 바다로 뛰어들어 대성공을 거둔 이야기는 산업화 시대의 위대한 신화로 길이 구전된 바 있습니다.

그 때문에 그 위대한 신화가 철저히 몰락하고 침몰하는 장면은 더욱 비극적이고 암울한 것이었습니다.

2016년의 조선, 해운 붕괴 사태로 남해안에는 해고의 칼바람이 몰아닥쳤습니다. 수만 단위의 희생자들이 일자리를 잃었으며 지역 경제는 초토화되었습니다.

이 와중에 해당 기업의 오너가 뒷구멍으로 회삿돈을 계속 빼돌리고 있었다는 사실이 드러나면서 공분을 불러일으킵니다. 재벌의 기업 지배구조가 수많은 비판을 받으면서도 결국 묵시적으로 인정받는 것은, 저 재벌 가문이 기업을 가업으로 여겨, 어떻게든 잘되게 노력할 것이라는 전근대적 믿음이 있기 때문이지요. 기업의 위기가 닥치면 재벌 가문이 자기 돈을 들여 자구 노력을 기울이고, 가문의 명운을 기업과 함께할 것이라고 생각해왔지요. 성이 함락당하면 불타는 성루에서 자결하는 성주의 이미지 같은 거 말입니다.

그런 순박한 믿음을 정면으로 배신하는 오너들의 행태에 사람들은 점차 미몽에서 깨어나 진실과 마주하게 됩니다. 자본주의 시스템의 저 위 언저리 어딘가에 모순 덩어리 버그가 발생했고, 그 버그를 이용해 꿀 빠는 치터들이 있다는 사실을 말이지요.

트황상 방한

2016년 5월 6일

#트럼프

#2017_정상회담

#박근혜_이란_MOU

굽시니스트의 못다 한 이야기

2016년 5월, 미국 공화당 대통령 경선에서 테드 크루즈가 사퇴해 도널드 트럼프가 공화당의 대통령 후보로 확정되었습니다. 링컨과 아이젠하워의 저 공화당이 트럼프 같은 사람을 후보로 삼아 대선을 치르게 되었다는 사실에 전 세계가 경악을 금치 못했습니다. 하지만 설마 대선 본선에서 트럼프가 미국 대통령에 당선되기야 하겠느냐는 것이 대체적인 중론이었지요.

그 시점에서 이 만화는 트럼프 당선을 가정해 그렸습니다. 뭐, 당연히 농담처럼 그린 것인데, 진짜로 트럼프가 당선되고 보니 나름 예언력으로 포장하고 싶기도 합니다.

그런데, 이 만화에 존재하는 진짜 예언은 따로 있습니다.

만화 첫 대사로 '2017년, 한·미 정상회담'이라고 쓰고, 한국의 차기 대통령의 면면을 등장시켰습니다만 사실 2017년이면 아직 박근혜 대통령의 임기 중이지요. 2017년 12월 대선이 예정되어 있었고, 그 이취임식은 2018년 2월에 치러졌을 테니까요.

하지만 오타를 냈습니다. 2018년이라고 써야 할 것을 2017년이라고 썼고, 그것이 그대로 잡지에 인쇄되어 배포되었습니다. 나중에야 독자들의 지적으로 이를 눈치챘고, 매우 부끄러워했던 기억이 납니다.

그랬던 것이! 2017년 4월 지금 와서 돌이켜보니!! 기적의 예언이!!!

뭐, 정치 쪽 얘기 이것저것 막 던지다 보면 어느 정도 들어맞는 것들도 있기 마련이고, 그런 걸로 예언력을 과시하는 정치평론가들도 있지요. 하지만 그런 방면으로 갖다붙이기에는 너무 뜬금없는 오타였는지라, 그저 우주의 신비가 잠시 스쳐 지나간 소소한 우연이라 해야겠지요.

이 무렵 박근혜 대통령의 이란 순방 성과가 대대적으로 홍보되었습니다. 그런 몇 조 원대 경제 성과가 실제로 있었다면 좋았겠지만, 그저 허울뿐인 MOU(양해각서)를 과장했다는 지적도 있었지요.

피아 코리아에 어서 오세요

2016년 6월 10일

#구의역_스크린도어_사망_사고

#외주_비정규직_혹사

#시스템_붕괴

#마피아_공화국

굽시니스트의 못다 한 이야기

2016년 5월 28일, 구의역에서 스크린도어 정비 비정규직 청년의 사망사고가 발생했습니다.
안전을 도외시한 인력 운용의 이면에는, 정비업체가 서울메트로의 전직들이 세운 메피아 기업이라는 그림자가 있었습니다. 막대한 경비를 업체의 임원직들이 독차지했고, 부족한 숫자로 벅찬 업무를 감당하는 비정규직 직원들은 쥐꼬리만 한 임금으로 혹사당해야 했습니다.
해당 분야를 지배하는 그룹의 이너서클 인간들이 그 영역을 자신들의 이권 텃밭으로 여기며 그 이익 수호를 위해 마피아 짓거리를 벌인다는 건 익히 알려져 있는 바입니다.
이런 폐쇄적 이권 그룹들로 들어찬 한국 사회 지배구조의 격벽들을 하나씩 깨부숴 나가는 것이 열린 사회 만들기라 하겠습니다.
한 비정규직 청년의 안타까운 희생이 부조리한 세상을 고발하고 선한 사회에 대한 사람들의 의지를 돋우는 울림이 되어 남았습니다.

고뇌하는 정치

2016년 6월 17일

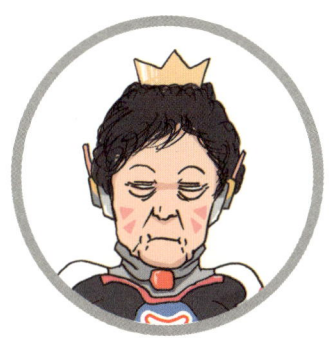

#동남권_신공항

#밀양_부산_경북_경남

#백지화

#국민의당_리베이트_밀고

굽시니스트의 못다 한 이야기

영남권 신공항은 이명박 정부에서도 한 차례 백지화된 적이 있습니다. 하지만 지역민들의 추진 의사는 여전하여, 2012년에 대선공약으로 살아났고, 결국 박근혜 정부에게도 선택의 시간이 왔습니다. 경상남북도와 대구, 울산이 밀양을 밀고, 부산만 가덕도를 미는 영남권 내 지역갈등 형국이 전개되었지요. 이에 대해 수도권을 비롯한 다른 지방들은 영남권 신공항이 딱히 무슨 필요가 있느냐는 반응이었습니다.

결국 공정성을 위해 프랑스 사람들을 불러다 평가한 결과, 둘 다 나가리고, 그냥 김해공항 확장 공사를 하는 게 제일 낫다는 결론이 나왔습니다. 다시 백지화 결론이 난 거죠.

박근혜 정부의 곤란한 상황을 하이퍼 FPS 게임 '오버워치'의 D.VA 자폭으로 패러디했습니다.

국민의당은 박선숙이 데려온 김수민이라는 홍보업체 대표에게 비례 의원을 주었습니다. 그런데 이 김수민이 국민의당 홍보 사업을 맡으면서, 하청업체로부터 리베이트를 받았다는 의혹이 불거져 김수민과 박선숙 둘 다 기소당하는 사태가 벌어진 것입니다. 이는 국민의당 내에서 안철수의 최측근으로 입지를 다져온 박선숙에게 치명상이었고, 안철수에게도 꽤 큰 타격을 입힌 사건이었지요. 일단 1심 재판에서 무죄 판결이 나오긴 했습니다만, 이 사건으로 국민의당의 기세가 꽤 꺾이게 됩니다.

총선 후, 문재인은 네팔로 트래킹을 떠납니다. 가서 무슨 팔보채 드립도 치며 빡세게 등산을 하고 오지요.

바위처럼

2016년 7월 22일

#검찰_비리
#넥슨_진경준
#우병우
#이건희_몰카

굽시니스트의 못다 한 이야기

진경준 검사가 비상장 넥슨 주식 구매와 관련해서 특혜를 받았다는 사실이 드러났습니다. 진경준 검사와 서울대 동기인 넥슨 김정주 회장이 진경준에게 그 주식 매입 자금까지 입금해줬다는 겁니다.
이 사건으로 진경준이 구속되었으니, 이는 역사상 첫 현직 검사장 구속이라고 합니다.
이 무렵 넥슨이 런칭한 대작 FPS 게임 '서든어택 2'가 거하게 망했지만, 회장님이 검찰에 불려다니는 통에 그건 뭐 아무래도 좋을 일이었겠지요.
그리고 이어지는 의혹은, 넥슨의 판교 신사옥 부지 매입 과정에서 우병우 청와대 민정수석의 장모가 큰 이득을 얻었다는 것이었습니다.
우병우는 그 자체로도 뭔가 거대한 암흑의 다크지만, 재벌 장모야말로 진짜 이 나라의 얄팍한 포장지 안쪽에 거대하게 자리잡은 코스믹호러틱한 흑막이 아닐까 싶은 뭐 그런 느낌을 많이들 가졌다고 합니다. 그 장모와 최순실의 관계는 아직까지도 의혹만 무성할 뿐 제대로 밝혀지지 않았지요.
그리고 이때, 삼성 이건희 회장의 성매수 몰카가 공개됩니다. 가시기 전에 마지막으로 세상을 향해 던지는 어떤 메시지라고 받아들여도 될 것 같습니다.
만화에 사용된 노래는 민중가요 〈바위처럼〉입니다. 시대가 변하고, 그 분위기를 아무도 기억하지 못한다 해도, 옛 노래를 계승해 부르는 전통은 면면히 이어져가겠지요.

the Gate
2016년 8월 5일

#광우병_괴담_프레임

#우병우_게이트

#조선일보

굽시니스트의 못다 한 이야기

광우병 사태는 많은 사람들의 정치관에 의미 있는 분기점이 되었고, 이후 인터넷에서 진영전이 전개되는 데도 큰 영향을 끼쳤지요. 그리고 보수 언론의 괴담 프레임 제작의 원 재료가 되어줬습니다. 사실 이후 정치·사회관이 다양하게 분화된 양상을 생각해보면, 그리 양극단으로만 갈라 볼 문제가 아니긴 하지만, 그리 사용되어온 게 사실이지요.

2016년의 〈조선일보〉는 우병우와 대결을 벌이게 됩니다. 정권 3년차의 내리막길에 〈조선일보〉의 청와대 길들이기라는 시각도 있습니다만, 박근혜나 우병우 같은 사람들이 〈조선일보〉가 길들인다고 해서 길들여질 사람들이 아니지요(청와대와 〈조선일보〉, 둘 중 누가 먼저 시비를 걸었는지는 알 수 없습니다).

〈조선일보〉가 우병우를 극딜하면서 청와대와 〈조선일보〉가 척을 지게 되고, 이후 친박 김진태 의원이 〈조선일보〉 송희영 주필을 대우조선 향응 수혜로 저격합니다. 이에 일단 〈조선일보〉가 살짝 깨갱하긴 합니다만….

칼을 간 〈조선일보〉는 결국 최순실 게이트로 가는 길을 열고, 박근혜 정부와 사생결단의 승부를 펼치게 됩니다. 말세 신화 〈라그나로크〉의 서막이 열리고 있었던 것이지요.

이정현 메들리

2016년 8월 11일

#이정현_새누리당_대표

#친박_패권

#비박_멸망

#여야_지역_스왑_당_대표

굽시니스트의 못다 한 이야기

2016년 8월, 이정현이 새누리당 대표로 선출됩니다.
박근혜의 최측근 인사가 당 대표로 선출됨으로써 당내 친박 패권은 한층 공고해졌고, 비박은 패망의 변두리로 쫓겨나 다른 활로를 모색하기 시작합니다.
뭐 이런저런 문제거리들을 논외로 치고 그 경력만 본다면, 이정현의 당 대표 선출은 대한민국 정당정치 시스템 발전에서 상당히 긍정적인 사례라 하겠습니다. 이정현은 정당의 최말단 당직자로 입문해, 별다른 끈도 없이 착실하게 승진해서 결국 당 대표 자리에까지 이르렀지요. 이는 한국 정당이 종래의 선거용 떴다방 레벨을 벗어나 수십 년에 걸쳐 당내 인사들을 육성하고, 그 당의 색깔과 역사를 대표하는 정당맨을 대표로 뽑을 수 있는 레벨에 이르렀음을 뜻합니다. 호남 출신이 민자당계 정당의 당 대표에 올랐다는 것도 지역주의 극복의 길에 매우 고무적인 이야기지요.
뭐 그런 긍정적인 면에도 불구하고 본질적으로 박근혜와 친박 패권에 얽힌 이야기인지라, 이정현의 대표직 재임은 그 개인에게나 당에게나 불행과 재앙으로 점철되고 맙니다.
같은 시기 민주당에서는 추미애가 당 대표로 선출되었습니다. 새누리당 대표는 호남 출신, 민주당 대표는 대구 출신이라는 재미있는 그림이 그려지게 된 것이지요.
만화에는 이정현 대표와 이름이 같은 가수 (겸 배우) 이정현의 노래 가사들이 사용되었습니다. 이정현의 저 코스튬과 퍼포먼스는 가히 세기말 테크노판타지아포칼립스적 정서를 대변하는 것들이었는데, 지금 세대에게는 꽤나 낯설고 올드한 것이 되어버렸군요.

에필로그를 향하여

2016년 10월 28일

#최순실_게이트_오픈

#박근혜_최순실

#태블릿_PC

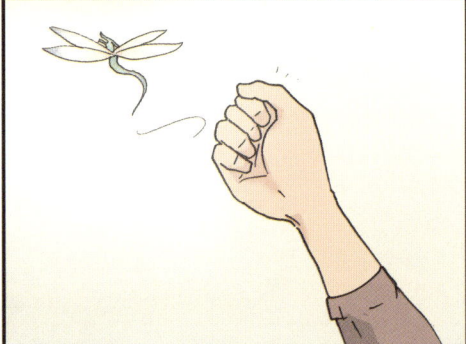

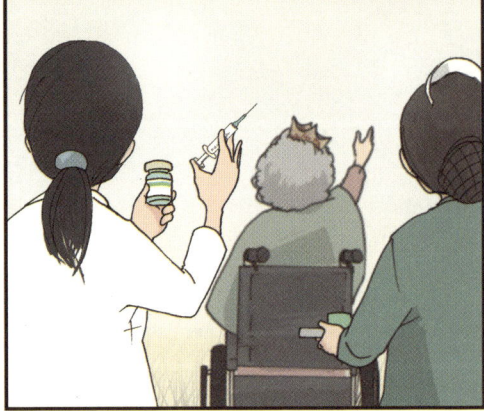

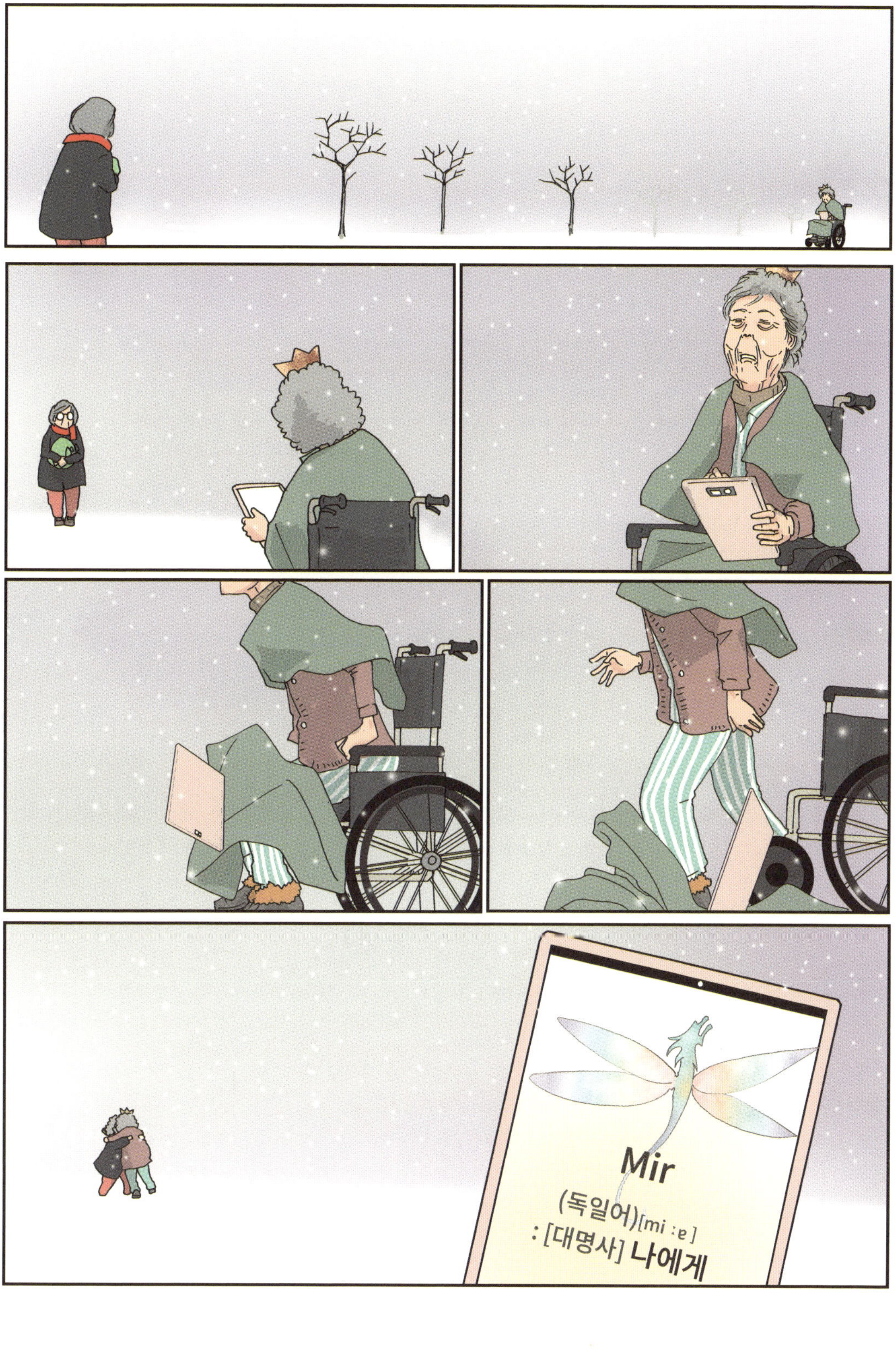

Mir
(독일어)[mi :e]
: [대명사] 나에게

굽시니스트의 못다 한 이야기

2016년 8월경, 〈조선일보〉와 TV조선은 미르재단과 K스포츠재단의 의혹에 청와대와 대기업들이 깊숙이 연관되어 있음을 보도하며 포문을 엽니다.

〈조선일보〉가 송희영 주필의 비리 의혹이라는 청와대의 반격으로 휘청할 때, 〈한겨레〉가 바통을 이어받습니다. 9월 20일, 〈한겨레〉는 미르재단에 엮인 최순실의 존재를 처음으로 보도합니다. 최순실의 주도로 재단이 일사천리로 만들어지고, 전경련이 재단에 800억 원을 신속하게 무상 기부했다는 사실이 밝혀진 것입니다.

이에 야권은 최순실을 국정감사 증인으로 부르라고 요구했지만, 새누리당 이정현 대표가 정세균 국회의장의 언행을 트집 잡아 단식투쟁까지 벌이며 막아냅니다(뭘 트집이었는지 이제는 기억도 안 나는군요).

박근혜는 비상 시국에 비방과 폭로가 사회 혼란을 가중시킨다며 언플에 나서고, 황교안 총리는 유언비어에 대해 법적 조치를 취하겠다며 수비에 나섭니다.

그러나 곧 국감에서 안종범 청와대 수석의 지시로 전경련 모금이 이뤄졌다는 녹취록이 공개됩니다. 이어서 10월 18일, 〈경향신문〉이 최순실의 독일 유령회사 비덱의 존재를 폭로합니다.

그리고 10월 19일, JTBC가 고영태 인터뷰를 통해 최순실이 박근혜 연설문을 사전에 열람하고 첨삭했다는 내용을 터뜨립니다.

이에 10월 24일, 박근혜 대통령은 국회에 가서 갑작스레 개헌 추진을 발표합니다. 박근혜의 지난 드립 그대로 개헌은 모든 것을 빨아들이는 블랙홀이 되어, 국면 전환을 위한 신의 한 수가 될 터였습니다.

그러나 바로 그날 저녁 8시 JTBC 뉴스는 최순실의 태블릿 PC 입수 경위와 그 내용을 보도합니다. 박근혜의 대통령 연설문 44개의 첨삭 내용을 포함, 200여 개의 청와대 관련 파일이 들어 있던 그 태블릿 PC는 최순실이 청와대를 쥐락펴락하며 국정을 농단해온 사실을 전국민에게 확인해줬습니다.

이제 바보가 아닌 이상, 국민들도 전체 그림의 윤곽을 선명히 깨닫게 되었습니다.

박근혜의 국면 전환 시도는 물거품이 되었습니다.

진실의 태풍이 상륙했음을 온 국민이 직감했습니다. 대한민국 역사상 가장 거대한 게이트가 서서히 열리고 있었습니다. 박근혜라는 거대한 우상의 그늘에서 스멀스멀 피어오르는 비선의 이권 갈취와 국정 개입이라는 악취가, 이제까지 국민들이 가져온 박근혜 정치에 대한 모든 관점을 송두리째 갈아엎고 있었습니다.

그리하여 거대한 퍼즐의 가장 중요한 조각들이 제자리에 놓이고, 역사가 굴러가기 시작합니다.

남겨진 꿈속에서

2016년 11월 4일

#최순실_박근혜

#최순실_체포

이상한 꿈을 꿨어.

언젠가 내가 여왕이 되고

그 길을 너와 함께 걷다가,

네가 사라지고,

춥고 어두운 청와대에 나 홀로 남겨지는 꿈을 꿨어.

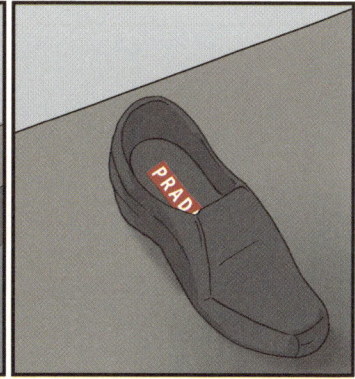

굽시니스트의 못다 한 이야기

10월 25일, 박근혜 대통령은 대국민 사과를 발표합니다.
최순실에 대해 어려운 시절 도움을 받은 인연이라 말하지요. 취임 초기에 잠깐 자문을 받았을 뿐이라고 말합니다.
하지만 사과문 발표 이후 곧바로 언론의 추가 폭로가 이어집니다.
최순실이 정호성 비서관을 통해 청와대를 컨트롤하고, 민정수석실 인사 추천에 개입했음이 폭로됩니다. 그리고 박근혜의 순방 의상을 준비하는 CCTV 영상이 공개되어 파장을 일으킵니다. 청와대 행정관들이 최순실에게 굽실거리며 지시를 받고, 폰을 닦아 두 손으로 건네는 모습은 최순실의 위세를 선명히 증언하는 이미지로 사람들 머릿속에 각인됩니다.
10·26 사태 28주기를 맞이하며 최순실의 이권 갈취 정황은 더욱 선명하게 드러납니다. K스포츠 재단 내부의 증언과 통화 기록, 업무일지를 통해 미르-K스포츠 재단 설립 과정에서 안종범 청와대 경제수석이 최순실의 지시로 기업들에게 돈을 갈취했다는 내용이 드러납니다. 청와대를 통해 문체부 인사를 좌지우지하며, 문체부를 자신들 이권사업의 리모컨으로 사용하려 한 사실도 드러납니다. 문화 쪽의 이권사업들과 관련해 문화계 황태자 차은택의 이름이 드러납니다. 체육 쪽 이권을 털어먹기 위한 동계 스포츠 관련 사업들이 전모를 드러냅니다.
대통령 지지율은 10%대로 추락합니다.
10월 29일, 청계광장에서 첫 촛불집회가 열립니다.
결국 10월 30일, 최순실이 귀국하고 다음 날 검찰에 출두, 체포됩니다.

시국 수습 방안

2016년 11월 18일

#재벌_단체_뻥

#한광옥_비서실장

#길라임

#7시간

굽시니스트의 못다 한 이야기

대통령 지지율이 5%대로 폭락합니다.
위기 극복을 위한 비장의 카드, DJ의 비서실장이었던 한광옥이 구원투수로 다시 청와대 비서실장으로 들어갑니다.
박근혜는 새 총리를 임명해 전권을 위임한다는 안을 내놓지만, 새 총리는 야권에 의해 거부당합니다.
국회의 국정조사 청문회가 진행되며 여러 가지 의혹의 실체가 드러나기 시작합니다.
재벌들은 자신들이 뇌물을 바친 게 아니라 협박당해 삥을 뜯긴 거라고 변명합니다. 청와대의 CJ 인사개입을 보면 확실히 쫄아서 돈을 바친 것 같기도 합니다. 하지만 삼성이 재단에 삥뜯긴 돈 외에도 독일의 정유라에게 120억 원을 송금한 것은, 삼성가 승계 문제에서 국민연금관리공단이 대주주로서 이재용 편을 들어주길 바라며 바친 뇌물이라는 의혹이 제기됩니다(나중에 이재용은 대통령이 화를 내서 어쩔 수 없었다고 증언합니다).
그리고 세월호 7시간의 실체가 그 전모를 드러냅니다. 이는 대통령의 불법 미용 시술과 관련된 것으로, 차움병원에 대한 특혜가 얽여 있었습니다. 이 과정에서 박근혜가 '길라임'이라는 가명을 사용했다는 사실은, 대통령의 드라마 팬심을 널리 알려 사람들에게 소소한 웃음을 안겨줬습니다.
문체부에서 작성한 블랙리스트가 청와대의 지시로 내려온 것이라는 사실도 드러나지요.
박근혜 정권이라는 난해한 퍼즐의 빈 조각들이 이런 식으로 착착 채워지기 시작합니다.
질서 있는 퇴진이 언급되고 탄핵이 거론됩니다.
매주말 광화문 광장을 덮은 촛불은 100만을 넘어서며, 정치권에 현실적인 압박으로 작용하기 시작합니다.
클라이맥스가 다가오고 있음을 모든 사람들이 느끼고 있었습니다.

HERESY
2016년 12월 2일

#2016년_12월_탄핵_가결일

최씨네한테
정신 지배
당하시고
HERESY
JTBC
朝
SISAIN
그 후폭풍으로
두들겨 맞아서
FACT
FACT
FACT
반송장이 되신
각하를 구출!
그네가카!
타네카라!
이정현 대표
생명유지 장치
옥좌에 모셔서,
죽지도 살지도
않은 상태로 임기를
유지하는 데 성공했다!
이 판국에 임기 몇 개월
수명 연장이 무슨 의미가
있다고 무리수입니까요;
임기 몇 개월 수명 연장이
큰 의미가 있지!
특검 어쩌고라는 것도,
대통령 신분으로
수사받는 것과
대통령이니까
이건 패스.
일반인 신분으로
수사받는 게
큰 차이가 있고.
일반인이면
짤없져.

굽시니스트의 못다 한 이야기

새누리당 이정현 대표는 야당이 탄핵을 실천하면 손에 장을 지지겠다고 공언했습니다.
여당 대표의 그 자신감을 믿고 여당이 어찌어찌 박근혜 임기는 지키며 2선 후퇴나, 전권 위임 같은 체제로 가 보다라는 관점에서 만화를 그렸습니다만, 마감 바로 다음 날, 국회에서는 탄핵안이 발의되었고, 일주일 후 국회는 탄핵 표결을 실시합니다.
실제로 새누리당이 박근혜 대통령 임기를 지키는 데 성공했다면 어떤 체제로 진행되었든 간에, 끝없이 이어질 극심한 국론 분열과 갈등 양상에 피로한 국민들의 눈을 정치로부터 이격시킬 수 있었을 것입니다. 정권의 촉수는 계속 살아 있는 상태에서 각종 범죄의 증거들을 은폐하고 검찰을 끝까지 조종할 수 있었겠지요.
그리고 아마 2017년 4월의 북핵 위기를 맞이하여 어떤 식으로든 다시 여론을 호도하며 꿈틀꿈틀 권력을 부활시켰겠지요. 차기를 위한 친박 대권 주자 모시기 작업이라든가 개헌 논의도 좀 더 현실성 있고 가능한 것으로 밀어붙였으리라 예상됩니다.
하지만 국회의원들의 결단이 결국 그 모든 꼼수 플랜을 물거품으로 만들어버렸고, 역사는 바른 방향으로 굴러가게 됩니다.
결국 탄핵 후, 이정현은 대표직을 사임합니다. 그 후에는 인명진 비대위원장의 친박 청산 요구에 의해 새누리당을 탈당하게 되지요. 이후, 골수 친박들이 몰려간 태극기 집회나 삼성동에도 모습을 보이지 않고 칩거하고 있는 모양새가 뭔가 비애를 느끼게 합니다.
만화는 미니어처 보드 게임 '워해머 40000'의 설정을 패러디해 그렸습니다. 황금 옥좌에 앉은 황제의 부활을 기다리는 신자들의 갈망을, 박근혜 지지자들에 대입해볼 수 있으리라 생각했습니다.

Komm, süßer Tod

2016년 12월 9일

#박근혜
#탄핵
#2016_12_9

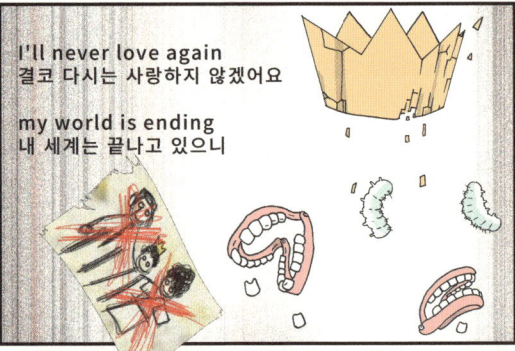

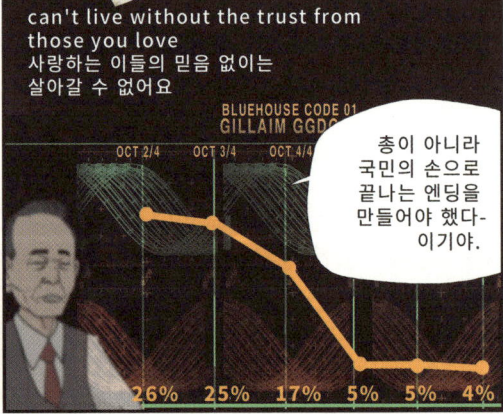

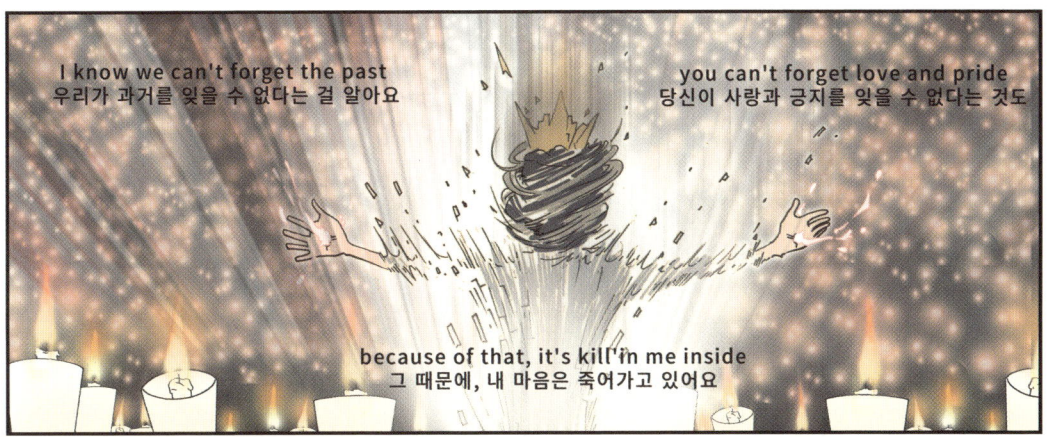

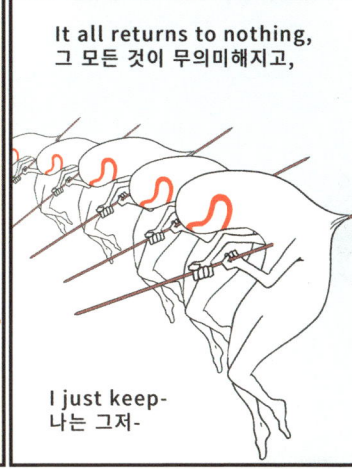

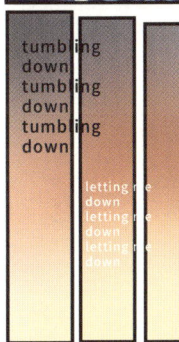

굽시니스트의 못다 한 이야기

12월 9일, 국회에서는 박근혜 대통령 탄핵소추에 대한 표결이 이루어졌습니다.
오후 4시 10분, 박근혜 대통령 탄핵소추안은 찬성 234표로 가결되었습니다.
이로써 박근혜 대통령의 직무는 정지되고, 헌법재판소의 탄핵 인용 여부 판결이 남게 되었습니다.
한국 정치사에서 박근혜라는 인물은 뭐랄까, 그 개인의 의지나 지적 능력과는 상관없이 역사의 중요한 이정표 역할을 충실히 수행했다고 할 수 있겠습니다.
박정희의 딸이 6공화국의 대통령으로 선출되어 박정희 신화의 회광반조(回光返照)를 화려하게 밝혔습니다. 그리고 박정희가 당했어야 할 탄핵을 그 딸이 기어코 이뤄내어 박씨 일가가 역사에 진 빚을 갚았습니다.
그저 1차원적인 울분과 카타르시스, 불안과 흥미의 감정들이 그녀의 텅 빈 두개골 공간을 지나 입으로 흘러나오기를 27년이었습니다. 그걸 이 나라의 박정희 신화와 그 신도들이 공적인 것으로 포장하고 받아들였을 뿐입니다. 그렇게 비어 있는 두개골이었기에 어쩌면 이러한 역사적 사명을 담기에 적당한 그릇이었을지도 모르겠습니다. 그 그릇이 자신의 철학이나 사변, 목소리를 가진 그릇이었다면, 우유 담았던 컵에 오렌지 주스를 담아 마시는 것과 같았겠지요. 비어 있는 깨끗한 그릇이었기 때문에 이처럼 역사의 정산이 100% 온전한 것으로 보일 수 있었다고 생각합니다.
박정희 신화의 빛과 종말이 박근혜로 체화된 것처럼, 박정희 신화의 그늘이 최순실이라는 전형적인 어둠으로 현현하여 박근혜에게 붙어 있었다는 것 또한 역사의 신이 즐기는 고약한 설정놀음이지 싶습니다.

크리스마스, 그 이후

2016년 12월 16일

\#탄핵_조기_대선

\#대권_주자

\#탄핵_심판

굽시니스트의 못다 한 이야기

탄핵이 되었으니, 이제 다음 대통령을 뽑을 준비를 해야겠지요. 그런데 이것도 시간적으로 애매한 것이, 헌법재판소의 탄핵 인용 판결이 나와야만 공식적으로 다음 대선을 준비할 수 있기에 다들 헌재의 심판 스케줄만 바라볼 수밖에 없었습니다.

그래도 뭐 겨울 동안 열심히 심리하여 대략 봄이 올 때쯤이면 판결이 나리라 예상되었습니다. 이 탄핵 인용 심판에 대해, 어떤 이들은 기각 가능성을 놓고 두려움에 떨기도 했지요. 하지만 살펴보건대, 대한민국 헌법재판소는 물리적 실체의 위법을 계측하고 판결하는 곳이 아니라, 법률 조항에 담긴 속뜻, 고도의 정치 행위, 이슈에 대해 그것이 헌법이라는 추상적 가치에 부합하는지 따지는 곳입니다. 만약 전자와 같은 물리적 실체 계측이 메인이었다면, 박근혜·최순실 게이트에 대한 재판을 3심까지 다 마치기 전에는 헌법재판소가 판결을 내리지도 못했겠지요.

즉 입법부가 만드는 법이나 정치 행위에 대해 그것이 헌법에 부합하는지 아닌지만 따지면 되는 곳이니, 입법부의 탄핵안 가결에 불법적인 요소가 없었다면, 일단 반 이상 탄핵안 인용 판결로 먹고 들어가는 것이죠.

물론 노무현 탄핵안 기각이라는 선례가 있긴 하지만, 그 법률 위반의 중대성을 놓고 볼 때, 대통령의 특정 정당 편들기 드립 같은 건 대통령 파면이라는 엄중한 결단을 이끌어낼 정도로 무거운 것은 아니었다고 판단된 바 있습니다. 더군다나 당시 총선에서 국민의 뜻이 탄핵 반대임이 분명히 밝혀진 바, 정치 행위에 대한 헌법적 판단을 내리는 헌재가 기각 판결을 내릴 것은 자명한 일이었습니다.

그에 비해, 박근혜의 기업 협박 삥뜯기를 대통령 파면을 가리는 저울 위에 올릴 경우, 그 중대성이 헌법적 가치를 심대하게 훼손하는 것임은 자명했습니다. 더군다나 촛불집회 등을 통해 드러난 국민여론 다수의 뜻이 분명하니, 헌재의 헌법적 판단이 달리 향할 논리는 도저히 발견하기 어려웠습니다.

그럼에도 불구하고 박근혜는 직무정지 상태로 청와대에 틀어박힌 채 계속 뇌내 행복회로만 돌리고 있었습니다. 대통령 측이 앞세운 막말 변호사들의 여론전에, 그 지지자들이 혹하여 함께 행복회로를 돌리기도 했지요.

대권주자들은 탄핵 인용을 확신하며 대선 준비에 나섭니다. 갑작스레 맞이하는 정권 심판 후의 대선에서, 부동의 지지율 1위에 올라선 문재인은 답답하고 조심스러운 언행으로 고구마 소리를 듣게 됩니다. 이에 이재명과 주고받은 고구마·사이다 논쟁이 화제가 되기도 했습니다.

국민의당에서는 박지원이 반문연대 카드를 만지작거리고 있었습니다만, 안철수는 예전의 단일화 트라우마를 떠올리며, 어떠한 세력과도 연대하지 않는다는 자강론을 확실히 합니다. 반기문은 여전히 간을 보는지 꽃마차를 기다리는지, 대선을 향해 어떻게 갈지 결정하지 못하는 모습을 보여줍니다. 대통령 권한대행을 맡은 황교안이 여권의 차기로 각광받기도 했지만, 그는 불확실한 도박보다는 현재의 의전에 안주할 줄 아는 사람이었지요.

만화를 그릴 때, 선거법을 제대로 살피지 못해 대통령선거 60일 전 공직 사퇴 규정을 대사에 썼는데, 지적을 받고 보니 보궐 선거는 30일 전 사퇴더라구요.

그네, 호랑이, 그리고 물고기들

2016년 12월 30일

\#비박_분당

\#탄핵심판_변론

언젠가 국민이 나를 사랑하지 않는 날이 오게 될 거야.

우린 또다시 정치에 무관심해지고... 모든 게 다 그래.

그냥 흘러간 4년의 세월이 있을 뿐이지.

굽시니스트의 못다 한 이야기

김무성과 유승민을 중심으로 한 비박계 의원들은 12월 9일의 탄핵 표결에서 탄핵 찬성표를 던져 탄핵안 가결에 일조한 바 있습니다. 그동안 당한 걸 생각하면 당연한 일이기도 하고, 보수 진영의 시각으로 봐도 박근혜·최순실 사태는 빨리 자르고 가야 할 암덩어리였으니 말입니다.
그렇게 비박들이 탄핵 찬성표를 던져놓고 보니, 친박들과 새누리당에서 함께 지낸다는게 상당히 어색한 일이 되었습니다.
그리하여 비박들이 탈당에 나서게 되는데, 뭐 처음에는 한 50명 이상은 따라갈 것 같더니만, 결국 33명이 탈당하여 바른정당을 만들게 됩니다. 이런 식으로 당명을 짓는 걸 제가 무척 싫어한다고 언급한 적이 있는 것 같군요. 처음에 개혁보수신당이라는 가칭을 내걸었다가, 개보신당이라는 약칭에 충격받고 당명을 바꾼 모양인데, 그냥 보수당이라고 이름 지었다면 얼마나 깔끔하고 무게감 있었겠습니까.
만화는 일본 영화 〈조제, 호랑이, 그리고 물고기들〉을 패러디해 그렸습니다. 인어공주를 모티프로 한 조제가 잠시 물 위로 올라왔다가 다시 내려가는 것이 박근혜의 정치 경력과 비슷한 면이 없지 않아 적절했다고 생각합니다.

평행세계: 미르 공화국

2017년 1월 6일

#정유라_말

#아무_일도_일어나지_않은_세상

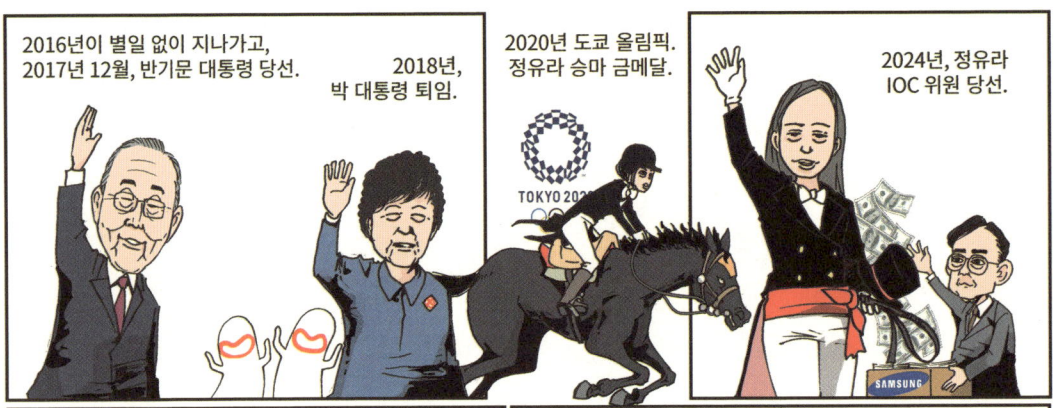

굽시니스트의 못다 한 이야기

'돈도 실력이야. 능력 없으면 니네 부모를 원망해'라고 드립을 치던 그 최순실의 딸이 지금 덴마크에서 부모를 원망하고 있을지 어떨지 알 수 없습니다.

 최순실은 딸을 지극정성으로 키워 훌륭한 학력과 운동 경력을 만들어주기 위해 노력했고, 궁극적으로는 IOC 위원에 국회의원까지 만들어주려고 했다지요. 김연아, 박태환 등 IOC 위원 도전에 걸림돌이 될 경쟁자들을 배제하려고 체육 분야에서 각종 무리수들을 두었다는 이야기도 있습니다.

뭐, 그 지력과 인성을 고려할 때, 정유라가 과연 어느 정도까지 부모의 기대를 충족시켰을지는 의문이지만 아무튼 박근혜·최순실 게이트가 오픈되지 않았다면 체육 분야에서 두고두고 골치를 썩이는 실력자가 되었을 수는 있겠습니다.

장시호 정도 되는 머리나 인성을 갖췄더라면 최씨 집안의 유럽 자금을 관리하며, 대한민국 뒷세계의 거물로 성장할 수도 있었겠지만, 사람의 그릇 크기라는 건 그 한계가 또렷한 부분이 있는 법이지요.

그리하여 지금 사람들이 궁금해하는 것은, 최씨 집안이 가지고 있다는 유럽 자금의 실체와 그 처리에 대한 것입니다. 그 뿌리가 박정희 비자금까지 거슬러 올라간다는 막대한 재보는 마치 해적 시대 전설의 보물처럼 많은 탐사꾼들을 유혹하고 있습니다.

부디 주진우 기자가 이를 발견하여 다 함께 부귀영화를 누리게 된다면 좋겠습니다,라는 건 안 될 이야기고 국고에 환수해야지요.

반딧불의 묘

2017년 2월 3일

#반기문_대선_불출마

#지지율_이득_계산

#어대문

굽시니스트의 못다 한 이야기

2017년 2월 1일, 반기문은 대선 불출마를 선언합니다.
꽃가마를 기다리며 간을 보다 낙마한 역대 외부 잠룡들의 전철을 그대로 밟게 된 거죠.
일단 지지율 추이도 비관적이었고, 반기문을 데려가려는 자유한국당과 바른정당의 상태도 꽤나 삐리했던지라 도저히 희망을 걸어볼 상황이 아니었던 거죠.
전직 UN 사무총장이 UN 권고를 어기지 않게 되어 다행스러운 일입니다. 지금은 하버드에서 강의를 하신다는데, 19대 대선 때 재외국민 투표를 하실지 어떨지 알 수 없지만, 세계 레벨의 국가 원로로서 꼭 투표에 나서주셨으면 하는 국민의 바람입니다.
그리하여 대선은 문재인의 독주 체제로 점차 굳어지는 모양새가 되어갑니다.
하지만 대한민국 대선이라는 게 예능감이 좀 있어서 그리 평이하게 가지만은 않으니 마지막 고비를 두고 이야기는 끝까지 흡입력을 잃지 않습니다.
만화에 드라마 〈응답하라 1988〉에서 김정환 역을 맡은 배우 류준열을 등장시켰습니다. 스토리 개연성이라든가 복선이라든가 내적 완결성 등등을 따졌을 때, 당연히 류준열이 남편이 되었어야 했다는 것이 중론이지요. 박보검 팬인 저희 마누라도 동의하는 부분입니다.

뇌내 배드섹터

2017년 2월 24일

#언제_어디서_무엇을_어떻게

#왜

#탄핵_반대_태극기_집회

#박사모

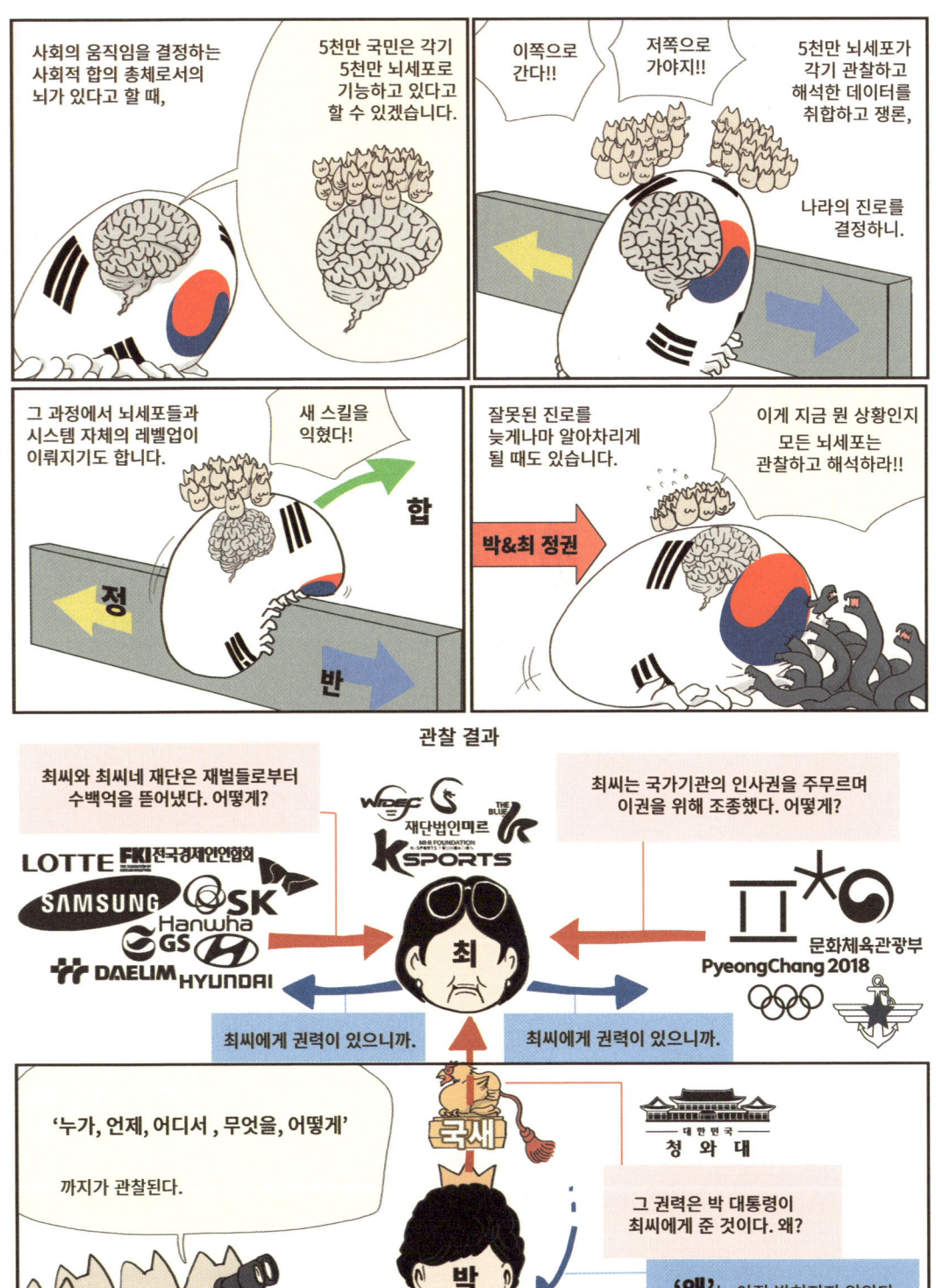

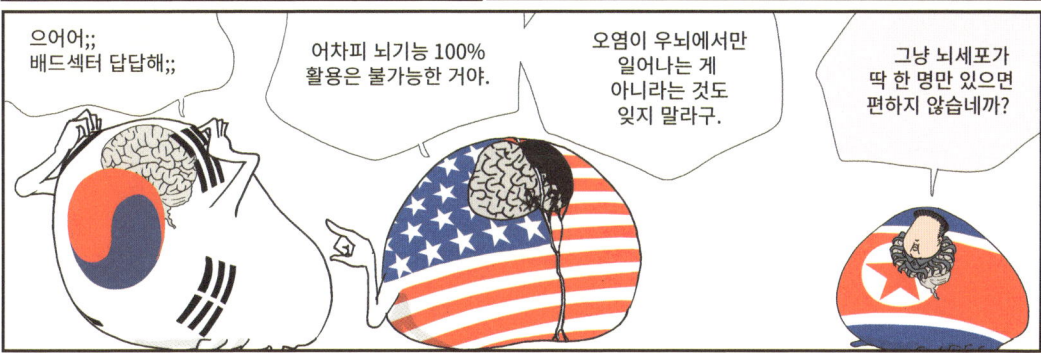

굽시니스트의 못다 한 이야기

촛불집회가 평화 시위 문화의 새로운 기준을 정립하고, 한국의 선진 시민의식을 전 세계에 과시하며 위대한 시민혁명 축제로 역사에 남은 데 반해, 그 반대편에서는 모든 면에서 그와 반대되는 유사 종교 집회가 열리고 있었습니다.

'박사모'와 기타 등등 우익 단체들이 주축이 된 이른바 '태극기 집회'가 서울 시청 광장을 중심으로 계속 진행되었습니다. 박근혜·최순실 게이트의 전모가 하나하나 명명백백히 밝혀지는 와중에도 눈과 귀를 닫고, 선동가들이 조잡하게 찍어낸 음모론과 가짜 뉴스만을 신봉하는 사람들의 모임이었습니다.

그런 불가해한 양상에 대해 여러 정치 사회적 관찰 방법과 해석이 있을 수 있고, 그 개개인의 삶이 있겠습니다만, 그냥 크게 보자면 역사의 수레바퀴가 굴러갈 때 언제나 찐득하게 들러붙는 찌꺼기들이 있는 법이지요.

이 길을 어찌어찌 계속 굴러간다면, 언젠가는 우리가 좀 더 교양 있는 대화를 나누며 좀 더 합리적으로 세상을 바라보는 방법에 대한 견해를 서로에게 권할 수 있겠지요.

1475일. 끝

2017년 3월 10일

#헌법재판소_선고

#박근혜_탄핵_인용

#4년_총집편

#4페이지

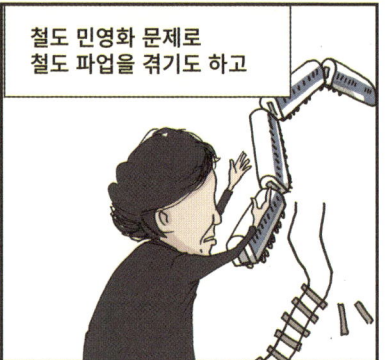

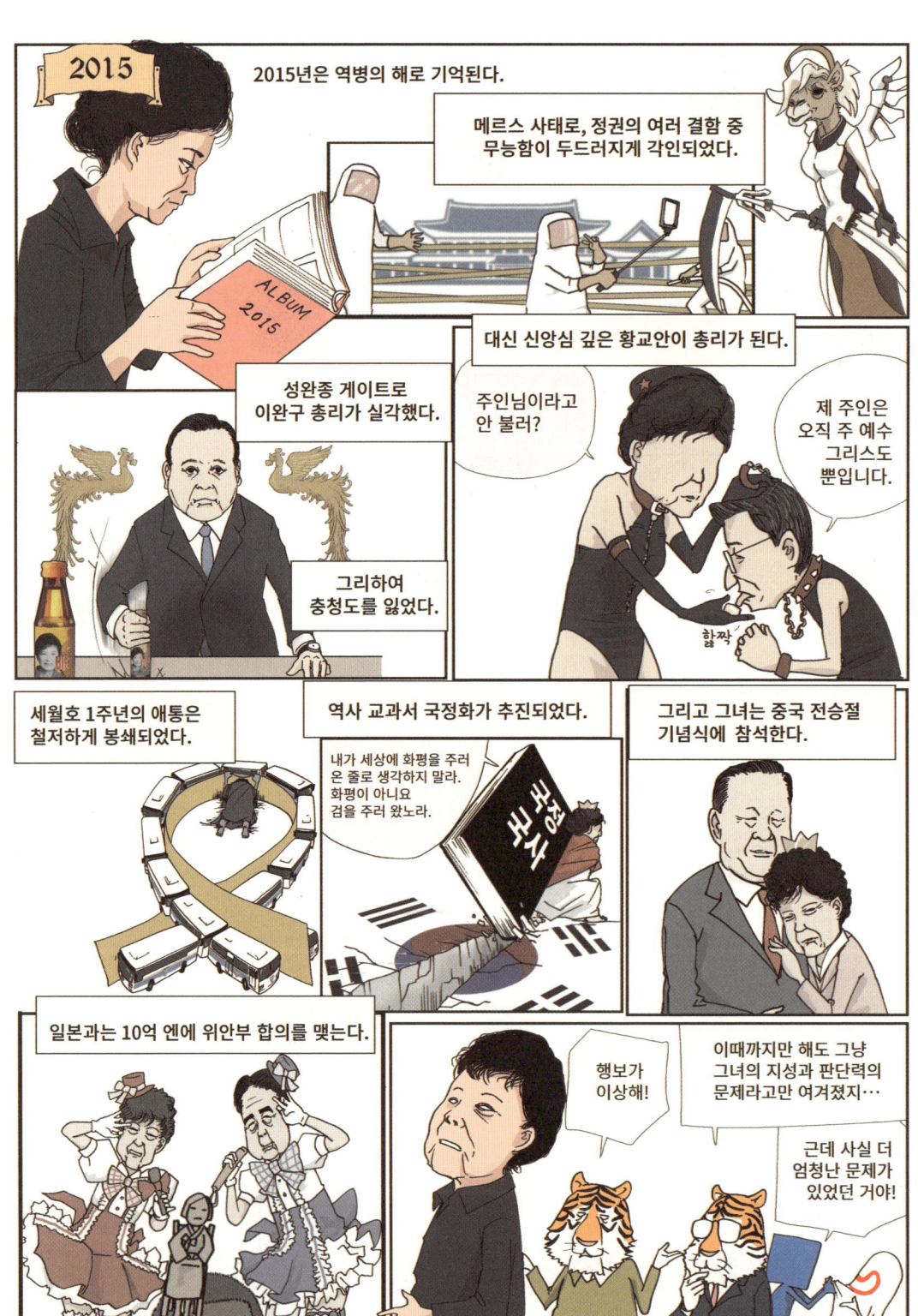

2016

2016년의 역사는 국회에서 시작하여 국회에서 마무리된다.

야당은 필리버스터 레이드로 새로운 힘을 결집할 수 있었다.

(朴 Bang)

이어지는 총선에서 여당은 참패한다.

새로운 정치 판도 위에서 그녀의 믿기지 않는 비밀이 폭로되고, 그 단죄가 이뤄질 수 있었다.

2016년과 권력의 마지막 해는 그렇게 역사를 가득 싣고 지나간다.

1979년, 그녀는 청와대를 떠났다.

38년 후, 그녀는 예전에 남겨뒀던 짐들을 챙겨 다시 청와대를 떠난다.

그렇게 끝났다.

굽시니스트의 못다 한 이야기

2017년 3월 10일, 오전 11시. 헌법재판소 이정미 헌법재판소장 권한대행은 박근혜 대통령 탄핵 사건에 대하여 재판관 전원 일치로 탄핵을 인용, '대통령 박근혜를 파면한다'는 주문을 선고했습니다.
헌재의 선고 전, 〈시사IN〉 편집부로부터 박근혜 정권 4년의 총집편으로 4페이지짜리 만화를 그려 달라는 요청을 받았습니다.
탄핵 기각되면 어쩔 거냐고 물어보니, 기각되면 어차피 만화고 마감이고 다 때려치우고 같이 광화문 앞에 드러누워야 한다고 합디다.
돌이켜보면 인연이 적지 않은 세월이었습니다. 그 4년 동안 박근혜 대통령의 일거수일투족에 신경을 기울이고 그 머릿속을 상상하며 매주 마감을 함께 해왔습니다. 딱히 그릴 거 없을 때는 적당하게 대통령을 까는 걸로 때우면 되었지요.
역사의 큰 그림이 있고, 나라의 명운이 있고, 정의가 있고, 죄와 벌이 있습니다만 그런 큰 담론의 하늘 저 아래에는 제가 평생 제일 많이 그린 얼굴을 가진 인간이 있습니다. 그리 많이 그렸어도 결국 그 얼굴을 제대로 그려내는 데는 실패한 것 같습니다(피부 미용 시술 때문이 아닌가 싶기도 합니다만).
삶을 가진 인간의 얼굴이 아닌, 그 얼굴이 상징하는 모든 것에 대한 집착 때문에 4년의 시간에도 불구하고 미숙한 그림에 발전을 두지 못했습니다.
이제 이 만화의 주인공도 갈리게 되겠지요.
뭐 세상이 그리 엄청나게 바뀌진 않겠지만, 적어도 다음 주인공을 그리는 데 미숙한 펜에 조금이라도 기술이 붙기를 바라고 있습니다.

범법의 성

2017년 3월 31일

#박근혜_구속

#김진태

#박사모

굽시니스트의 못다 한 이야기

2017년 3월 31일, 박근혜는 구속되어 서울구치소에 수감됩니다.
정치판의 플레이어로서의 박근혜는 사실상 소멸한 것이지요.
이에 김진태처럼 친박으로서의 삶에 모든 걸 걸었던 사람들은, 그 모든 잔해 찌꺼기들을 끌어안고 적폐 정권의 마지막 잔향에 취해 최후의 세결집을 도모합니다.
하여 김진태는 자유한국당의 대선 후보 경선에 도전, 박사모와 기타 등등 노인들의 전폭적인 지지를 등에 업지만, 홍준표에게 압도적인 표차로 패하여 사라지게 됩니다.
김진태 이후, 박사모는 남재준 전 국정원장에게 희망을 걸어봅니다만 남재준은 박사모가 주도하는 뉴새누리당이 아닌 통일한국당인가 뭔가 하는 정당의 대선 후보로 나섭니다. 이 상황에서 자유한국당의 조원진이 갑자기 무슨 꿈을 꾸었는지 자유한국당을 탈당해 박사모의 새누리당으로 입당합니다. 그리고 바로 새누리당의 대선 후보가 되지요.
스펙터클했던 드라마의 소소한 에필로그에 이리 깨알 같은 재미가 묻어나오니, 과연 얼마나 대단한 드라마였는지를 새삼 실감하게 됩니다.

NEMESIS X

2017년 4월 7일

#최종_결전

#문재인_안철수

굽시니스트의 못다 한 이야기

이 글을 쓰고 있는 현재 시점은 2017년 4월 17일. 19대 대선을 22일 앞두고 있습니다.
여러 우여곡절 끝에 결국 오랜 숙적, 문재인과 안철수가 새로운 세상을 놓고 최종 승부를 벌이게 되었습니다.
원래 문재인의 낙승이 예상되었던 대선이지만, 참 선거라는게 모를 물건이지요.
이 나라의 보수 민심이 나라를 파국으로 몰고 간 적폐세력에 표를 줄 정도로 몰상식한 정치의식을 갖고 있지는 않으리라 봅니다. 하지만 그래도 보수적 가치관을 소중히 하는 보수 민심이기에, 민주당의 문재인에게 표를 줄 수 없는 것도 사실이지요. 그렇다고 민주 시민으로서의 소중한 권리인 선거 참여를 포기할 수도 없는 노릇 아니겠습니까.
그렇기 때문에 그 표심은 문재인도 자유한국당도 아닌 후보에게로 향해왔습니다.
처음에는 반기문에게로, 그다음은 안희정에게로.
그리고 그들 모두가 탈락한 이후에는 최종적으로 안철수에게 그 표심이 모아진 것입니다.
그 덕분에 19대 대선은 예상보다 흥미진진하게 전개되어가고 있습니다.
여전히 문재인의 우세가 예상되는 상황이지만, 이런저런 사례들을 통해 샤이 보수의 숨겨진 부피도 적지 않다고 알려져 있으니 안심할 수 없겠지요.
스펙터클한 역사의 드라마가 막을 내린 이후의 난장판에서, 새 세상의 판을 짜기 위해 정치가 앞장서고 있습니다. 그 역사의 현장을 함께 겪어온 시민 동료들이여, 어찌 이 새로운 모험에 동참하지 않고 배기겠습니까.
다시 두근거림을 안고 새 세상을 만들어가는 일에 함께합시다.